U0085812

世紀人物100

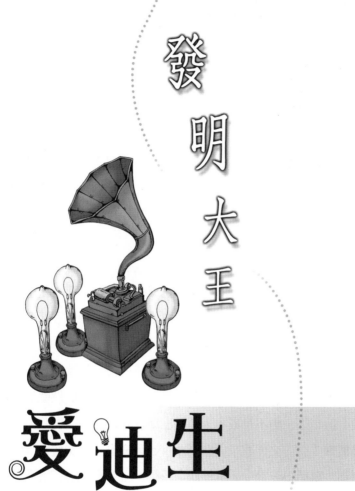

發明大王

愛迪生

陳美琪　著

三民書局

獻給孩子們的禮物

世界上最幸福的孩子,是他們一出生就有機會接近故事書,想想看,那些書中的人物,不論古今中外都來到了眼前,與他們相識,不僅分享了各個人物生活中的點滴,孩子們的想像力也隨著書中的故事情節飛翔。

不論世界如何演變,科技如何發達,孩子一世幸福的起源,仍然來自於父母的影響,如果每一個孩子都能從小在父母親的懷抱中,傾聽故事,共享閱讀之樂,長大後養成了閱讀習慣,這將是一生中享用不盡的財富。

三民書局的劉振強董事長,想必也是一位深信讀書是人生最大財富的人,在讀書人口往下滑落的多元化時代,他仍然堅信讀書的重要,近年來,更不計成本,連續出版了特別為孩子們策劃的兒童文學叢書,從「文學家」、「藝術家」、「音樂家」、「影響世界的人」系列到「童話小天地」、「第一次」系列,至今已出版了近百本,這僅是由筆者主編出版的部分叢書而已,若包括其他兒童詩集及套書,三民書局已出版不下千百種的兒童讀物。

劉董事長也時常感念著,在他困苦貧窮的青少年時期,是書使他堅強向上,在社會普遍困苦,而生活簡陋的年代,也是書成了他最好的良伴,他希望在他的有生之年,分享這份資產,讓下一代可

以充分使用，讓親子共讀的親情，源遠流長。

「世紀人物 100」系列早就在他的關切中構思著，希望能出版孩子們喜歡而且一生難忘的好書。近年來筆者放下一切寫作，接下這份主編重任，並結合海內外有心兒童文學的作者共同為下一代效力，正是感動於劉董事長致力文化大業的真誠之心，更欣喜許多志同道合的朋友，能與我一起為孩子們寫書。

「世紀人物 100」系列規劃出版一百位人物故事，中外各占五十人，包括了在歷史上有關文學、藝術、人文、政治與科學等各行各業有貢獻的人物故事，邀請國內外兒童文學領域專業的學者、作家同心協力編寫，費時多年，分梯次出版。在越來越多元化的世界中，每個人都有各自的才華與潛力，每個朝代也都有其可歌可泣的故事，但是在故事背後所具有的一個共同點，就是每個傳主在困苦中不屈不撓，令人難忘的經歷，這些經歷經由各作者用心博覽有關資料，再三推敲求證，再以文學之筆，寫出了有趣而感人的故事。

西諺有云：「世界因有各式各樣不同的人群，才更加多采多姿。」這套書就是以「人」的故事為主旨，不刻意美化傳主，以每一位傳主的生活經歷為主軸，深入描寫他們成長的環境、家庭教育與童年生活，深入探索是什麼因素造成了他們與眾不同？是什麼力量驅動了他們鍥而不捨的毅力？以日常生活中的小故事，來描繪出這些人物，為什麼能使夢想成真。為了引起小讀者的興趣，特別著重

在各傳主的童年生活描述，希望能引起共鳴。尤其在閱讀這些作品時，能於心領神會中得到靈感。

和一般從外文翻譯出來的偉人傳記所不同的是，此套書的特色是，由熟悉兒童文學又關心教育的作者用心收集資料，用有趣的故事，融入知識，並以文學之筆，深入淺出寫出適合小朋友與大朋友閱讀的人物傳記。在探討每位人物的內在心理因素之餘，也希望讀者從閱讀中，能激勵出個人內在的潛力和夢想。我相信每個孩子在年少時都會發呆做夢，在他們發呆和做夢的同時，書是他們最私密的好友，在閱讀中，沒有批判和譏諷，卻可隨書中的主人翁，海闊天空一起遨遊，或狂想或計畫，而成為心靈知交，不僅留下年少時，從閱讀中得到的神交良伴（一個回憶），如果能兩代共讀，讀後一起討論，綿綿相傳，留下共同回憶，何嘗不是一幅幸福的親子圖？

2006 年，我們升格成為祖字輩，有一位朋友提了滿滿兩袋的童書相送，一袋給新科父母，一袋給我們。老友是美國國家科學院院士，曾擔任過全美閱讀評估諮議委員，也是一位慈愛的好爺爺，深信閱讀對人生的重要。他很感性的說：「不要以為娃娃聽不懂故事，我的孫兒們一出生就聽我們唸故事書，長大後不僅愛讀書而且想像力豐富，尤其是文字表達能力特別強。」我完全同意，並

欣然接受那兩袋最珍貴的禮物。

　　因為我們同樣都是愛讀書、也深得讀書之樂的人。

　　謹以此套「世紀人物 100」叢書送給所有愛讀書的孩子和家庭，以及我們的孫兒——石開文，他們都是世界上最幸福的孩子，因為從小有書為伴，與愛同行。

作者
的話

　　小時候，我最愛躺在新割下的稻草堆上看書。家中的報紙，雜誌，書……只要是印在紙頭上的，我都會拿來讀一讀。當時，不認識的字比認識的要多很多，大部分的文章，我都得發揮想像力——用猜的。念給父母親聽時，經常使他們哈哈大笑，我就在笑聲中學習認字。新莊那時還是個農村，沒有「真」的書店，只有在杜阿嫂家的雜貨店角落，有一個書架，上面擺著連環圖畫書。我的零用錢幾乎都用來租圖畫書看了。父母親覺得圖畫書的內容不夠充實，應該多看具有啟發性的童書，上臺北辦事時，就開始買些《學友》、《世界各國童話》、《國語日報》等刊物給我。有一天，我在《國語日報》上看了一篇關於電燈的介紹，提到一些愛迪生的趣事。我被這些趣事深深的吸引，愛迪生的名字就這樣進入了我的腦海。

　　我擁有的第一本偉人傳記就是《愛迪生傳》，我記得它有黃色的封面，上面印著愛迪生的半身像，書中還有注音符號。我看完後，覺得不過癮，拚命纏著父親問東問西，父親被我問得頭昏眼花，開玩笑的說：「妳這麼好問，是不是想當愛迪生啊？」從此，每次寫作文「我的志願」時，我都是說要做愛迪生第二。一直到初中，我開始學習物理化學時，才發現自己的性向不在科學，而在文學歷史。

但是，這並沒有改變愛迪生是我生命中的第一位偶像的事實。

作為偶像，愛迪生的確樹立了很好的榜樣。他刻苦耐勞，堅毅不移，自強不息，樂觀幽默。他的一生，經過多次的打擊與失敗，都以不屈不撓的精神，克服一切困難，一次又一次的反敗為勝。他的成功絕對不是偶然的。雖然他的經歷多彩多姿，事蹟充滿了傳奇色彩，但這種傳奇色彩，又像他發明的東西一樣，如此貼近我們的生活，使人覺得親切。

當簡宛大姐邀我參加撰寫「世紀人物100」系列的時候，我高興得跳起來，立刻要求寫愛迪生的故事。心想，雖然自己無法當愛迪生第二，至少可以把他的故事寫下來，介紹給年輕的朋友，希望藉此能啟發大家創造發明的熱情。同時，也希望讀者看了他的故事，能夠見賢思齊，學習他的責任感、自修苦讀的精神，以及努力工作的態度。

在我收集資料的這一段日子，重溫童年舊夢，看了很多本有關他的書籍。寫的過程是一件令我興奮不已的事。有一天，一大早起來，還沒換下睡衣，就迫不及待的坐在電腦前動筆了，好像沒過多久，就聽見丈夫嚷著肚子餓，叫我快點煮晚飯。原來我寫得入神，完全忘了時間。這種感覺真是太妙了。愛迪生研究發明產品時就經常忘記時間。當年，他與瑪麗‧史蒂威爾小姐完成結婚典禮後，趕回研究室查看一項實驗，結

果不但忘了時間，也忘了新娘。

　　經過幾十年，我發現愛迪生仍然是我的天字第一號英雄。我認為他最偉大的地方，在於他發明東西的動機是為了改善人們的生活，正如法國女歌劇家，莎容‧伯恩哈，所說：「愛迪生的頭腦是建設性的。」我無法想像沒有愛迪生的諸多發明，這個世界會多麼黯淡！日常生活會多麼不方便！我們天天在享受他的心血結晶，他的發明是對全人類的貢獻，他把世界文明提升到一個新的層次，稱他為「發明大王」可說是天經地義的！

寫書的人

陳美琪

　　1950 年出生在嘉義市，五歲時遷居臺北新莊。先後就讀於新莊國小、金華女中，以及中山女中。1972 年自臺灣大學商學系國際貿易組畢業後，抵美留學。取得休士頓大學企業管理碩士學位，後考取美國會計師執照。1976 年與湯德華博士結婚。曾擔任會計主任，財務執行長等職務。現任職於北卡州立大學。散文發表於《世界日報》。

發明大王

愛迪生

目次

前　言　2

◆ *1*　都是好奇心惹的禍　*5*
　　　鵝從哪裡來？　*5*
　　　放火燒倉　*8*
　　　汽球為什麼會飛上天？　*9*

◆ *2*　老師眼中的問題學生　*12*

◆ *3*　少年企業家　*19*
　　　賣報童子　*19*
　　　耳　聾　*22*

◆ *4*　聰明好心的年輕人　*28*
　　　號外！號外！　*28*
　　　最年輕的出版商兼主編　*30*
　　　救人助己　好心有好報　*32*

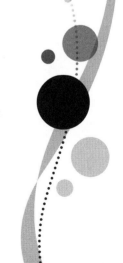

◆ *5* 流浪的歲月 *36*
　　探險中西部 *36*
　　進軍波士頓 *41*

◆ *6* 土包子進城 *46*
　　紐約客 *46*
　　一場虛驚 *50*

◆ *7* 成家立業 *56*
　　創業起步 *56*
　　墜入情網 *59*

◆ *8* 曼羅公園的魔法師 *66*

◆ *9* 電話大戰 *73*

◆ *10* 留聲機 *79*

◆ *11* 邁向光明的第一步　*88*

◆ *12* 光明的誕生　*101*

◆ *13* 電動火車　*119*

◆ *14* 西歐倫研究中心　*126*

◆ *15* 朋友的背叛　*134*

　　季禮藍事件　*134*

　　暢遊歐洲　*138*

◆ *16* 電　影　*141*

◆ *17* 開採鐵礦　*149*

◆ *18* 戰爭與發明　*159*

◆ *19* 可貴的友情　*167*

◆ *20* 巨人長眠　*174*

愛迪生

●

1847～1931

前　言

　　「強烈颱風安妮，預計今晚十一點在花蓮登陸……」張老師一家四口剛吃完晚飯，坐在客廳看電視。窗外，大雨傾盆，一陣陣的風聲，呼嘯掠過，街燈旁的樹，被吹得彎腰駝背。突然，電視螢幕消失了，屋內黑了下來，電停了。張老師趕緊把手電筒打開，又把蠟燭點好，放到桌上。

　　「爸爸，沒有電視看，我要聽故事。」小莉撒嬌的對爸爸說。

　　「對，上一次停電，媽媽不准我們就著燭火看書，於是講了《西遊記》的故事給我們聽。這一次，該輪到爸爸了。」小莉的哥哥小銘，立刻附和。

　　「你們喜歡就著燭火看書？還是在電燈下看書？」爸爸問。

　　「當然是電燈啦！蠟燭光線不

夠強，火苗又會動來動去。」兄妹兩人異口同聲的回答。

「那麼，你們想不想知道愛迪生發明電燈的故事？」

「我要聽，我要聽！」小莉急忙擠到爸爸身邊，小銘也圍了過來：「爸爸，我知道愛迪生是最偉大的發明家，除了電燈，還發明過很多別的東西，是不是？」

「一點也不錯，例如，你們愛看的電影也是他發明的。」爸爸又指指電話機：「大家都知道貝爾發明了電話，其實，愛迪生對電話的貢獻和貝爾一樣大。哦，還有留聲機，以前沒有磁片，都是用唱片聽音樂，那也是愛迪生發明的。總之，愛迪生發明的許多東西，對我們的生活影響太大了。」

「爸爸，愛迪生有沒有哥哥？他住的地方有沒有颱風？」小莉好奇的問。

「有呀！他是老么，有六個哥

哥哥姐姐，不過，他出生的時候，有兩個已經去世了。他住的地方會下大雪，沒有颱風。他小時候是個標準的小淘氣，嗯，有一點像我們家的誰呀？」

「像哥哥！」「像小莉！」兄妹互指對方。

「等爸爸把故事說完，再決定吧！」媽媽笑著說，家中的寵物咪咪，也來湊熱鬧，一下子就跳到媽媽腿上，舒服的趴下了。

1

都是好奇心惹的禍

鵝從哪裡來？

「艾爾，艾爾，要回家了！」南西站在門前喊著，一面四處張望，有點著急的問屋內的女兒：「瑪莉安，妳說他會跑到哪兒去呢？」

「媽，別急，跑不遠的，我們到穀倉去看看。」瑪莉安領著母親，一起走到穀倉，果然發現艾爾靜靜的坐在一堆稻草上，走近了才發現草堆上還放了幾顆蛋。

「艾爾，你在這兒做什麼？我們要回家了。」

「我在孵鵝蛋，我想看鵝怎麼從蛋裡出來。」艾爾一本正經的回答，南西不由得笑了。她想起幾天前和艾爾的對話。

「媽咪，鵝從哪裡來？」

「鵝從蛋裡來的。」

「蛋從哪裡來的呢？」

「蛋是鵝生的。」

「鵝怎麼從蛋裡出來呢？」

「鵝媽媽孵出來的。」

「什麼是孵蛋？」

「就是把蛋放在身子下面啊！」

「為什麼鵝媽媽要把蛋放在身子下面？」

「因為鵝媽媽身子下面很溫暖啊。」

「只要溫暖就行了嗎？」

南西怕這個小兒子還要追問下去，趕快說：「對。艾爾，去找邁可玩吧。」

這個藏在姐姐瑪莉安家的穀倉孵鵝蛋，小名叫艾爾的小男孩，就是世界上最有名的發明家湯姆士‧艾爾‧愛迪生。

愛迪生誕生在 1847 年 2 月 13 日，美國俄亥俄州的米蘭鎮。那一天，大雪紛飛，非常寒冷。這一個大頭、圓臉的小男孩，好奇心超級

強，時常提出一連串的問題，讓大人們招架不住。

放火燒倉

愛迪生不但問題多得讓人招架不住，他做的事也很離譜。這一天，米蘭鎮中心的廣場擠滿了人，愛迪生的爸爸山姆，鐵青著臉，對著周圍的人群說：「諸位鄉親，謝謝大家昨天幫忙我救火，幸虧救得快，沒有燒到別處，否則不知要如何向諸位交代。今天把艾爾帶來，當著大家的面懲戒，希望其他小朋友不要犯和他一樣的錯誤。」說完，就把一旁苦著臉的愛迪生拉過來，狠狠的打他屁股。

「嗚……嗚……嗚，我……只是……嗚……想看稻草……喔……起火……嗚嗚……是什麼……唉唷……樣子……嗚……下次不敢……不敢了！」

南西含著淚，忍不住勸丈夫：

「夠了，他不敢了，夠了。」旁邊好多家長都小聲告誡身旁的子女，別學愛迪生那麼調皮。

愛迪生挨了一頓打，老實了幾天，不久，他又惹上麻煩了。

汽球為什麼會飛上天？

「媽咪，快來！邁可肚子痛。」愛迪生拉了母親就往外跑。

「別急，別急，他剛剛來找你玩的時候，還好好的呀，怎麼才一下子就肚子痛了？」南西邊走邊問。

「邁可，你怎麼了？」南西蹲下來問這個臉色發青的鄰居小孩。

「我……肚子好痛喔！唉唷！」

「你是不是吃了什麼東西？」

「啊……我……，艾爾給我……唉唷……痛……」

「艾爾，你給邁可吃了什麼東西？快說。」南西抓著兒子的手臂，緊張的問他。

「我……給他吃了這個。」愛迪

生從口袋裡拿出一個瓶子，上面寫著「發泡劑」。

「好端端的，你為什麼給他吃這個？」

「我問他想不想像汽球一樣在天上飛，他說……他想，所以……所以……」

「給他吃發泡劑和汽球有什麼關係？」

「書上說汽球會飛是因為肚子裝滿了氣體，所以……我想人的肚子如果裝滿了氣泡，說不定人也會飛，我……不知道會肚子痛。」說著說著，愛迪生低下頭。

除了為這些調皮搗蛋的事，偶爾受到處罰外，愛迪生在米蘭鎮的日子是快樂的。愛迪生全家住在運河邊的小山坡上，山姆經營的木材廠生意興隆，雖然愛迪生小時候身體並不強壯，精力卻非常旺盛，又愛探險，是個名副其實的小淘氣。大人們最怕他連珠炮似的問題。

「風從哪裡來？」

「到星星去有多遠？」

「水是什麼做的？」

「汽球為什麼會飛？」

他對機器特別有興趣，最愛到港口看工人修船，到工廠看大人碾穀，有一次跌進麥堆，差點被麥子淹死。

可是，當鐵路開始通車後，大部分的貨物都改由鐵路運輸，運河上往來的船隻就急速減少，鎮上的居民也紛紛到外地找工作。山姆的木材生意受到重大影響，不得不帶著全家搬往休倫港。那一年，愛迪生七歲。

※　　　　　　※　　　　　　※

「爸，他有沒有上學？是不是第一名的模範生？」小莉問。

「別急，聽我慢慢說。」

2 老師眼中的問題學生

愛迪生的新家很大，在一個軍營附近，前面有寬廣的走廊，夏天傍晚，一家人都愛坐在廊上乘涼。屋後有一片森林，站在院子裡，可以看到港口和聖克雷亞河，環境十分優美。

搬到新家沒有多久，愛迪生染上了猩紅熱，差點死掉，在母親夜以繼日的照顧下，總算痊癒了。病後，母親把他送到附近的學校，校長英格是一位呆板保守的牧師，他要求學生死背強記，標準的填鴨式教學，完全不懂得啟發學生的興趣。偏偏愛迪生又特別愛發問，時常讓老師招架不住，因此常常被罰站。這些老師們從來沒有教過這樣的小孩，都認為他是一個問題學生。

一天早晨，愛迪生走過教師辦

公室，聽見兩位老師的對話：「艾爾完全不守規矩，不停的發問，擾亂教室秩序。」

「唉！我真受不了他，已經告訴他書上的答案了，只要記住就行了，還要不停的問『為什麼這樣，為什麼那樣』，真被他煩死了，簡直是個大笨蛋。」

「就是嘛，我也覺得如此。我想，他一定是個『低能兒』。」

愛迪生哭著跑回家，把這件事告訴了母親。第二天，南西帶著兒子到學校，狠狠的和校長理論了一番。她不願意兒子在這種環境求學，決定讓他退學，自己在家教育。

教小孩念書，南西是有經驗的。她婚前就是一位老師，她的父親是傳教士，那時正好在加拿大傳教。她一面幫忙父親傳教，一面在教會學校教書。她就是在加拿大教書時嫁給山姆的。那時候，年輕的

山姆和家人都定居在加拿大。

其實，愛迪生家族原先是在1730年從荷蘭移民到美國，因為在美國獨立戰爭中支持英國，所以美國獨立後，才搬到加拿大居住。後來，山姆被捲入加拿大的內戰，才又帶著妻兒，回到美國俄亥俄州的米蘭鎮定居。

南西採取啟發式的教學方式，除了基本的認字、寫字和算術，她還常念文學經典著作，如莎士比亞、狄更斯等人的作品給兒子聽，而且利用家中的藏書，教兒子讀了一系列的歷史，包括基朋的《羅馬興亡史》、修姆的《英國史》、西亞斯的《世界史》等等，這些都是有深度，篇幅又相當長的著作，比一般學校裡的課程難度高很多。藉著讀歷史，她灌輸了許多做人做事的道理給兒子。她告訴愛迪生羅馬人如何沉迷玩樂，在懶惰中過著安逸舒服的生活，最後招致異族攻擊

而滅亡的經過，她教導兒子千萬要牢記這些歷史的教訓。愛迪生很認真的聽著，這些觀念，日後深深的影響了他的人格發展。

愛迪生對文學和歷史方面的學習，在母親的教導下，打下了穩定的基礎。但是，南西很快發現自己對科學方面的知識不能滿足兒子的求知欲。於是她買了幾本科學方面的書，鼓勵兒子自修。

啟發愛迪生的第一本科學書是理查派克教授所寫的《自然科學與實驗科學入門》。愛迪生把書上寫的一些簡單的物理實驗當作遊戲一樣去做，用零用錢買了實驗用的原料和工具。家中的地下室變成了他的實驗室，他和小玩伴們到處尋找玻璃瓶來裝化學原料，在每個瓶子上都標上有毒的字樣，還畫上一個大大的骷髏頭，把它們放在地下室原本放果醬罐子的架上。

很快的，這些實驗使他對科學

產生濃厚的興趣。他發現宇宙之間太奧妙了，聲音可以穿過空氣和水，水可以推動水車去灌溉土地……。他還製造了一個簡單的氣壓計，預測暴風雨的方向，很興奮的展示給小朋友們看。但是最吸引他的是電學。他對任何和電有關的東西都有興趣。

有一天，他跑到鎮上去找小玩伴，湊巧經過電報局，看見電報員桌上的機器滴滴答答的作響，覺得很有趣，立刻纏著電報員問個不停。電報員告訴他，滴滴答答的聲音是別人送出的摩斯密碼，經過電線，把這種密碼傳到遠方，對方收到密碼，經過解讀後，就可以知道傳來的消息，這就是電報。從此，愛迪生就對電報和電報機產生極大的興趣，也開始學用摩斯密碼收發電報。

在他的想像中，電報像一隻身子很長很長的狗，在底特律拉地的

尾巴，牠的頭會在波士頓叫。

　　看到兒子對科學這麼有興趣，南西又買了《科學大辭典》和一些比較深奧的書籍雜誌來充實教材。愛迪生有任何不懂的地方，他一定要弄清楚才甘休。這種學習精神，對他日後的研究有很大的影響。山姆看見兒子自動自發的念書，非常欣慰，他告訴兒子，每看完一本媽媽指定的書，他就獎賞一分錢。愛迪生又把積下的錢，拿去買書和實驗原料，更加努力的學習。他的學業在這種情況下，突飛猛進。

　　　　　　※　　　　　　　　　　※　　　　　　　　　　※

　　「爸，愛迪生一直在家念書嗎？他後來有沒有到別的學校去呢？」

　　「沒有。他的知識全是自修得來的，而且從十二歲起，他就開始半工半讀啦！」

3

少年企業家

賣報童子

　　搬到休倫港以後，山姆的工作收入並不穩定，為了貼補家用，他在院子裡種菜、種玉米，愛迪生必須幫忙翻土除草，幫著在市場賣菜。從這段經驗中，他學到很多商業知識，對他後來在火車上販賣報紙零食，很有幫助。

　　愛迪生十二歲那年，山姆聽到廣幹火車公司＊需要一位幫忙賣報紙的小僮，回家一說，愛迪生立即跳了起來：「我去做這個工作。」

　　「不行，你年齡太小，我不放心。」

放大鏡 ——— ＊廣幹火車公司 (Grand Trunk Railroad) 有一條航線行駛在加拿大的多倫多市和美國的底特律市之間，休倫港是途中的一站。

19

「媽，我已經十二歲了，不是小孩子了，我會賣東西，會收錢、找錢，為什麼不能去？」

「你需要讀書，好多課程還沒學過，在火車上賣報紙，哪有時間念書？不行，我不准。」

「媽，拜託啦！我答應妳一定會找時間念書，火車到了底特律要停七、八個小時，我可以用這段時間讀書，火車上也會有空閒的時候，妳放心，我一定不會放棄學業的，至少讓我去試一試，好不好？」

「就讓他試做幾天好了。」山姆看兒子那麼興奮，說得又很有道理，再加上家裡若多一份收入，生活也會好過一些，就幫著勸服南西。雖然南西十分不願意讓兒子十二歲就獨自上火車做事，究竟禁不住父子兩人的勸服，勉強答應了。從此，愛迪生每天清晨七點出門，把批發來的報紙、零食、三明治之類的東西搬上火車，在車廂中叫

賣:「報紙、三明治、蘋果……」有時候，他還會在沿途所停的小站買點新鮮的奶油、蔬菜，到底特律去賣，傍晚再搭車回休倫港，通常回到家已經是晚間九點以後了，他一天至少繳一塊錢給媽媽，沒賣完的報紙便帶回家給爸爸看，剩下的零錢，就全用來買書和實驗品了。

愛迪生沒有忘記他對母親許下的諾言，他徵得史蒂文生車長的同意，在行李車廂中釘了幾個架子，把一些做實驗用的化學原料和工具搬上火車，他在火車上的空檔時間，就在這個有輪子的實驗室裡，繼續讀書學習。在底特律下車後，他就到公共圖書館去找書念。起初，他是照著書擺放的位置，由下往上，一排一排的念，他想，總有一天他要把館中所有的書都念一遍。直到有一天，一位老紳士告訴他那不是最好的閱讀方式，他才改為按照科目選書讀。

在火車上做事，讓愛迪生眼界大開，他發現火車站之間都是用電報互通消息，目睹摩斯密碼的實用價值，他立刻迷上電報，一有空就練習摩斯密碼。

耳聾

有一天早晨，南西做好了早餐，叫著：「艾爾，下樓吃早餐！」過了幾分鐘，仍然不見愛迪生人影，「艾爾，快來吃早餐了，聽見沒有？」仍然沒有動靜。

南西覺得奇怪，因為愛迪生平時很快就會有反應的，今天怎麼這麼慢？於是，她推開他臥室的門，床上整整齊齊，不像有人睡過，南西一想，馬上調頭到地下室去，不出所料，愛迪生枕著兩本書，睡在一張舊沙發椅上，書掉在地上，桌上橫七豎八的擺著一些釘子、鐵絲之類的東西，一塊板子上裝了幾個彈簧，還有一個舊電池擠在桌下，

南西愛憐的看著熟睡中的兒子:「艾爾,醒醒,該起床了。」她輕輕推了推他。「媽,天亮了嗎?」愛迪生一躍而起,「糟糕,睡過頭了。」他三步併作兩步的往樓梯上跑,南西跟在後面喊:「慢點走,小心別摔跤。」一面趕著進廚房。

「媽,我來不及吃早餐了。」他急急忙忙往外跑。

南西趕忙把麵包、蘋果裝進紙袋,追到門外塞給了兒子。

等他抱著一大捧報紙趕到車站時,火車已經開動了,他一面拼命大叫:「喂,慢一點,等我……」一面飛奔過去,勉強追上了火車尾,急忙把報紙丟上車,他兩手抓住車杆奮力想跳上車去,可是火車速度正在加快,眼看他快拉不住了,幸好車尾的工人看見他了,就順手拎住他的兩隻耳朵,硬把他拉了上去。愛迪生只覺得耳朵中奇痛無比,好像有什麼東西被撕裂了一

樣，從此，火車轟隆轟隆的聲音，好像離他遠了不少，而乘客叫他的聲音，也輕了不少。最要命的是山姆發現了這件事，嚴格規定愛迪生，以後每天晚上九點半必須上床睡覺。

很快的，他想到一條妙計。有一天回家，他把剩下的報紙給了他的玩伴狄克。

「爸，今天報紙全賣完了。」

「嗯，那麼，你記得大標題嗎？」

「記得一些，不過，爸爸，我倒有個好主意，我知道狄克的爸爸有一份今天的報紙，我可以叫狄克把今天重要的新聞用電報傳給我。你知道嗎？我上星期接了一條電報線到他家，我們可以互相收發電報。」

「哦？你們會收發電報？哪來的收發機啊？」

「我自己做的，在鎮上找到了

一個舊電池，買了化學原料，還找
到一些彈簧、釘子，就照著書上寫
的做了一個。雖然電力不強，也夠
用了。」

「到哪裡弄來的電線？」

「這太簡單了，上次你修煙囪
還剩下一些鐵絲，再用玻璃瓶絕緣
就成啦！」

「聽你講得挺有意思的，我倒
要看看是不是真行得通，好吧！你
就證明給我看。」

愛迪生心中暗笑，輕快的衝到
地下室，發出訊號給半哩路外的狄
克。狄克早已等在那一頭，迫不及
待的敲出當天報上的新聞。從此，
愛迪生可以名正言順的練習收發電
報，不用再擔心被催著去睡覺了。

　※　　　　　　※　　　　　　※

「哇，這個主意真棒！他真是
個鬼靈精！」小銘非常佩服。

「他的點子才多呢！」爸爸停下

來喝了一口水。

「後來呢?」小莉急著想知道。

「後來愛迪生做了一件好事,
也碰到一個知道感恩的人。」

聰明好心的年輕人

號外！號外！

　　1862 年 4 月 9 日，星期三，愛迪生像往常一樣，到了底特律站，先到報社去看看有沒有什麼重大新聞，他發現報社裡氣氛緊張，原來，三天前北軍與南軍在北卡羅萊納州的夏洛城大戰，北軍傷亡尤其慘重。＊愛迪生預測當天報紙銷量一定會大增，於是飛快的跑去找銷售部經理。但是銷售部經理不肯讓他賒購一千五百份報紙。愛迪生不是個輕易放棄的人，他又馬上到樓上去找主編思多瑞先生。

　　「思多瑞先生，我是艾爾‧愛

　　放大鏡　＊指 1861～1865 年間，發生在美國的內戰。美國南方幾州因經濟因素而引用很多的黑奴，北方在林肯總統領導下，主張解放黑奴，因此掀起南北雙方的對抗，稱為「南北戰爭」。

迪生。我在火車上賣報，根據我的經驗，只要有任何戰役的消息，報紙就能賣得更多。我想，所有的人一定都急著想看報上登的傷亡名單。可是我的錢不夠，能不能先給我一千五百份報紙，我保證明天一定把錢付清。」

思多瑞先生看著眼前的少年，充滿自信，而且理由充足，就在一張紙上，寫了幾個字。

「好吧！年輕人，你說得有點道理，把這個給銷售部，趕快去領一千五百份報紙吧！希望你能全部賣掉。」思多瑞先生把那張紙遞給愛迪生。

「謝謝您，放心好了，我一定會賣完的。」愛迪生高興的跑下樓去。

接著，他就開始了一連串的活動，他去找電報員幫忙，請他們先發電報到沿途各站，再要求各站把這個消息寫在布告欄上，又趕快找

來幾個幫手把報紙折好，搬上火車……忙得不可開交。

火車還沒進站，就看見月臺上擠滿了人，他跳下火車，叫著：「號外！號外！夏洛大戰……」他的聲音很快被人聲蓋住，大家圍著他來買報紙，平常這一站只賣兩、三份報紙，今天幾分鐘內，就賣掉一百多份。到了下一站，情形更忙碌，人們拿著錢追著他跑，愛迪生馬上把原本五分錢的報紙，漲到十分錢……，搶購的情況一站比一站嚴重，報價不停的往上漲，等回到休倫港，一份報紙已經漲到一塊兩毛五分錢了。愛迪生就這樣狠狠的賺了一筆。

最年輕的出版商兼主編

這次的經驗，使他深深了解到通訊的重要，認清了電報及報紙的實用價值。不久，他在一家書店買了一個舊的印刷機，他就在火車貨

廂裡，自己排版印刷，開始發行
《先鋒週刊》了。週刊內容還挺豐
富的，有蔬果價錢、火車班次時間
表、各界婚喪喜慶的消息等等，這
是世界上唯一的一份在火車上發行
的報紙，訂戶有三百多家，業績相
當不錯。

　　不幸的是，有一天火車突然煞
車，一瓶磷酸從架子上掉了下來，
火苗迅速的在車廂中竄燒了起來，
愛迪生一面緊張得大叫:「起火了，
起火了!」一面脫下外衣撲打著火
苗。史蒂文生車長看見濃煙，衝了
進來，奮力打開滅火器，對著火苗
拼命的噴，兩人很快的把火勢控制
住了。不料，史蒂文生車長把滅火
器一丟，反手就打了愛迪生一個耳
光，把他推下了火車，又把他在車
廂裡的瓶瓶罐罐，一股腦的全丟下
車去。就這樣，愛迪生失去了他的
活動實驗室，當然，《先鋒週刊》
也被迫停刊了。

站在滿地碎片中，看著遠去的火車，他難過極了。不過，幾天以後，他又鼓起勇氣，重新開始出版了另一份雜誌，但是因為無意中揭穿了別人的隱私，被人丟到河裡。從此，他結束了他的出版事業。

救人助己 好心有好報

出版事業結束後不久，愛迪生做了一件好事，也因此有了好報。

愛迪生每天都要經過孟柯烈蒙，這是開往底特律必經的一個小火車站。1862 年 8 月的一個下午，愛迪生在月臺上等著火車卸貨，其中一輛火車煞車突然失靈，滑出月臺。正在此時，他突然注意到麥肯奇站長的三歲兒子吉姆，蹲在軌道邊揀石子玩，火車正向吉姆的方向駛去，眼看就要撞上了，他飛也似的跳下月臺，攔腰抱起吉姆往外一滾，就在那一瞬間，他感覺到一陣熱風從身後掠過，火車呼嘯著過去

了。他當機立斷的勇敢行為，不但救了吉姆的命，也大大影響了他日後的生活。

麥肯奇站長知道愛迪生對電報有興趣，為了報答他對兒子的救命之恩，覺得教愛迪生收發電報比買禮物更有意義。對愛迪生來說，這真是天上掉下來的好機會，他雖自修過一些摩斯密碼，也製造過簡單的收發機，但是還有許多專門知識需要學習，而且幾個月前，他因賣夏洛之役的號外，賺了一百多元，暫時不需擔心家計，所以第二天，他就帶著自製的電報收發機向麥肯奇站長報到了。

以後的幾個月，這個小站的電報室就變成了愛迪生的教室，他非常用功的練習收發技術，沒多久，就從這個小小火車站畢業，那年，他不到十七歲，很快就離家獨立生活了。

※　　　　　　　※　　　　　　　※

「他在哪裡上班？」小銘發問了。

「他每到一個地方，第一件事就是找個工作做。沒有工作，怎麼過活呢？在1864年間，愛迪生曾在四個不同的城鎮工作。有的地方停留幾個月，有的地方才停留幾個星期。當時，電報業正迅速的發展，不但因為南北戰爭，大量的電報員上了戰場，而且電報也逐漸應用在消防、警備等行業，美國又正在積極的開發西部，因此通訊人才極為搶手，只要會收發電報，找工作非常容易。」

5

流浪的歲月

探險中西部

　　在休倫港，愛迪生是夜班的電報員，他的辦公室在湯姆士・華克先生的書店樓上，他常因專心讀書而忘了工作。夜班的工作輕鬆，他經常溜到華克先生的地下室做電學實驗。愛迪生的老闆認為他是一個令人頭痛的員工，但是這一個令人頭痛的員工，卻可以在緊急時解決問題。那年冬天，大雪不斷，冰雪把電報線壓壞了，休倫港和聖克雷亞河對岸的莎爾妮亞鎮之間通訊中斷，短期無法修復。愛迪生想出妙招，用汽笛聲，送出一連串的摩斯密碼，解決了兩鎮的大問題。

　　不久，他就去了史崔特佛鎮，仍然挑選做夜班，白天認真的讀書做實驗，所以一晚上難免會打瞌睡。

電報公司為了防止值夜班的員工睡覺，規定每半小時要給總公司打一通電報報到。這個規定當然難不倒愛迪生，他研究了幾天，找到了解決的辦法。

他買了一個時鐘，想辦法把鐘和電報機接上，於是，電報機根據時鐘的時間，非常準時的發出電報向總公司報到，他就可以不必擔心忘了報到了。

由於他的電報總是一分不差的送到，總公司的稽查員覺得需要嘉獎他一番，有一天晚上，就來到愛迪生的辦公室。他推開門，看到愛迪生正睡得打呼，稽查員本想把他叫醒，轉念一想，報到時間馬上就要到了，他倒要看看這個睡得打呼的年輕人怎麼醒過來。

沒想到，時間一到，電報機居然響了起來，自動發出一通電報，稽查員目瞪口呆，不能相信自己的眼睛。他雖然暗暗佩服這個設計，

仍然狠狠罵了愛迪生一頓。雖然被罵得很慘，愛迪生仍然偷偷讀書，做實驗，時常打瞌睡。

有一天晚上，因為和站上信號員沒有及時配合好，差點引起兩輛火車相撞的慘劇，他發現了錯誤，拚命的在黑夜的火車道上狂奔，追趕剛駛出站的列車，希望能叫它停住，結果跌了一跤，昏了過去。幸而兩位駕駛員看到了對方，緊急煞車，才沒有發生意外。老闆知道後，大發雷霆，愛迪生只好離開史崔特佛鎮。

離開史崔特佛鎮後，愛迪生在密西根州短暫停留了一陣子，就到了印地安那州。那裡的同事們，一拿到薪水就去吃喝玩樂，他卻急忙跑去買書、儀器和科學雜誌，有時候窮得只能吃乾麵包。他的頭髮經常亂成一團，衣服髒兮兮，衣袋中裝的都是電工用的工具，鞋子更是又舊又破，同事都笑他是怪人。不

久，他又離開了印地安那州，到了俄亥俄州。

他在辛辛那堤市找到工作。就像以往一樣，他把薪水都用來買書和工具。有一天晚上，他在舊書攤上買了一套科學雜誌，急急忙忙的扛著這袋書回家。卻在路上被警察用槍攔住。

「警察先生，你好。」愛迪生有禮的說。

警察開口問道：「為什麼你不站住？」

「站住？為什麼啊？」

「我連著叫你站住，叫了兩三次，你為什麼不聽？還愈走愈快？你背的大袋子裡是什麼東西？讓我檢查一下。」

愛迪生一面打開大袋子，一面說：「真對不起，我的耳朵不好，沒有聽見。剛買了這套書，急著回家去看。」

警察發現袋子裡裝的全是科學

雜誌，才知道這個看來像小偷的年輕人，是一個科學怪人，忍不住笑了：「年輕人，打擾你了，晚安。」

愛迪生憑著一技之長，到處遊歷，在這個城市工作幾個月，再換到那個城市去，於是，辛辛那堤、孟斐斯、路易士威爾，中西部的幾個大城都有他的足跡。

經過了這段時間的磨練，愛迪生已經晉升為「新聞電報員」了——只有頂尖的電報員，才有資格收發新聞稿。這段時期內，愛迪生發現了電報的缺點。他發現電報收發只能到達附近二百哩左右，如果雙方距離超出二百哩，必須分段進行，先從甲城送到二百哩以內的乙城，再由乙城發送到丙城，重複幾次，才能到達目的地，容易發生錯誤，又非常不方便。他就開始研究如何改良電報機。但是沒有太多進展。

就在這時，他接到家書，知道

母親病了，他就背起一箱書，打道回府了。

進軍波士頓

南西康復後，愛迪生就決定前往波士頓打天下。

1870年代的電報就像是1970年代的電腦，正在急速進步中，波士頓是它的中心，不但有很多的電機工程師、電報技師，還有很多電報公司，和願意投資在這行業的有錢人。因為路上一場大雪，愛迪生坐了四天四夜的火車，才狼狽不堪的到達波士頓。

一下火車，他就到西方電報公司求職，老闆當場錄用了他。那天傍晚五點半，他準時出現在辦公室，仍然穿著那件相當破舊的外套，帽子也胡亂戴在頭上，靴子上全是泥巴，兩隻大眼睛卻亮晶晶的。同事都有點看不起這個土包子，想要試試他的能力，於是就叫

他收錄從紐約發出的電報，當然，他們並沒有告訴愛迪生，這位紐約的電報員是大家公認發報速度最快的人。

剛開始，這位電報員的發報速度很慢，但後來愈來愈快，又夾雜很多符號和單字，電報機嘀嘀嘀的聲音也愈來愈吵鬧，同事都圍過來看好戲。沒想到，愛迪生很從容的記下了每一個字，偶爾，還停下來削一下鉛筆，等對方速度漸漸慢了，愛迪生抓住機會，送了一句話去紐約：「假如你這一隻腳累了，用另一隻腳發電報過來好了。」圍觀的同事們大笑，從此不敢小看這個「土包子」。他過去幾年的努力，使他輕易勝了這場挑戰，贏得了同事的尊敬。

在波士頓，愛迪生仍然努力自修，他的室友亞當，邀他出外玩樂，他搖了搖手上的書：「我今年二十一歲，也許能活到五十歲，我希

望也能像這本書的作者法拉第一樣，能有一番作為，時間有限，我得好好把握啊！」法拉第是電磁學之父，是化學家，也是物理學家，是愛迪生眼中的英雄。

在這段日子裡，愛迪生因為研究改良電報機，寫了幾篇專業論文出版在電報專業刊物上，漸漸的，他在當地的科技同業間也小有名氣了。開始有人向他請教一些關於電報機的問題，不久他借到八百元，做了一臺改良的電報通訊機，可惜試用沒有成功。為了還債，他決定到紐約去尋找賺錢的機會。

※　　　　　　　※　　　　　　　※

「愛迪生的第一項發明和電報機有關嗎？」小銘問。

「沒有。愛迪生一生獲得一千零九十三項美國的專利，一千兩百多項外國的專利，但是，他的第一項專利成品是『投票記錄機』，結

果一臺也沒賣出。因為這次失敗的經驗，他發誓要發明有用、有人需要、能改善人們生活的東西。」

「愛迪生有親人在紐約嗎?」小莉很關心的問。

「沒有。不過，他有個朋友住在紐約。」爸爸笑著說。

6

土包子進城

紐約客

　　1869 年，在一個明媚的 4 月天，愛迪生向朋友借了幾塊錢買船票，往紐約出發了。下船時，口袋中雖然只有幾個銅板，腦袋中卻充滿了各式各樣的「點子」。

　　他計劃先去找住在紐約的朋友，要求借住兩天，再想辦法找工作。沒錢坐車，只好走路去。正好經過一家茶葉店在做大促銷，請顧客品嘗，愛迪生一直沒吃東西，嗅到茶香，更覺得肚子餓得難受，他就向店主要了兩個茶包，到了下一條街，就用這兩個茶包和口袋中的零錢換了一杯咖啡和一個蘋果派，這就是他在紐約的第一頓飯。日後回想，他認為那是他吃過最美味的食物。

不巧，他要找的朋友正好出城了，那天晚上，他只好在路邊睡了一夜。幸而第二天他找到了另一位朋友法蘭克林・彭普。

彭普在一家金價報價所任職，很賞識愛迪生，他安排愛迪生晚上暫時住在公司的地下室，愛迪生就在一大堆機器、電池的旁邊睡了幾夜。

19世紀初期，美國是採取金本位，也就是說發行多少鈔票，是根據政府庫存的黃金數量而定，因此一切的商業投資，基本上都與金價有關係，所以金價非常重要。

當時所用的金價報價機，是羅斯博士根據電報機改良的，可以展示出金價的波動，很多銀行、股票交易所、有錢的投資人家中，都裝有金價報價機，他們和一家收集金價情報的報價所聯機，就像現在的網站一樣，可以隨時知道金價的漲跌，來決定投資方向，彭普的公司

就是這樣一家金價報價所。愛迪生當然不會放過仔細觀察這一部機器的機會，很快的，他就了解了這部機器的構造，開始動腦筋去改良它了。

這一天，機器突然故障，訂戶收不到報價，三百多人全湧進所裡，場面一片混亂，羅斯先生衝到報價機旁，瘋了似的大呼小叫：「快點找，到底是哪裡壞了，法蘭克林，你快想辦法啊！你沒看到這麼多訂戶都等在這兒嗎？」他愈吼，彭普愈緊張，更加手忙腳亂。愛迪生默默的檢查著機器，他很快發現有一個小彈簧斷了，卡住了兩個齒輪，所以機器停擺了。

「羅斯博士，我想我可以修好它。」愛迪生在一片吵雜聲中，大聲的對羅斯先生說。

「快修，老天爺，快開始修，還等什麼？」羅斯博士已經急得滿臉通紅。

不到兩小時，機器修好了，金價情報又毫無困難的傳達到訂戶的手中。

羅斯博士對愛迪生的能力感到非常驚訝，就請愛迪生到他公司協助彭普維修機器。在短短幾個月之中，愛迪生不但申請到兩樣電報印表機*的專利，還大幅改良了羅斯博士的機器。改良後的產品，除了金價，還可以報告股票的價錢。他的這些發明，逐漸引起投資人的注意。因為任何新改良的電訊機器，都可能影響生意。所以各個電報公司不但密切注意市場上新的發明，同時也主動和發明家合作，出錢給這些頭腦靈活的人改進現有的機器。

一場虛驚

愛迪生的最大主顧是西方電報公司，他多年的頭家。這時候，卡拉漢的股價顯示機*已經被西方電

報公司買下，他們要求愛迪生去改良這部機器。

三個星期後，愛迪生就抱著改良過的產品來到西方電報公司。他在一群股東面前示範操作了一番，效果出奇良好。西方電報公司的經理，雷法司先生，非常高興的說：「年輕人，我們想買下這臺機器和它的專利權，你出價吧！」

「我……，我不知……，這樣好了，雷法司先生，你說你願意花多少錢買呢？」愛迪生完全不知道該賣多少錢，他有點想說五千元，可是話到舌頭又吞回喉嚨，他怕五千元太貴了，雷法司先生不買，有點緊張。

「四萬元怎麼樣？你能接受

＊**電報印表機**　用來把電報上的消息印出來，功能類似現代的電腦印表機。

＊**股價顯示機**　它的作用是展示股票價格的波動，功能和金價報價機相同。

嗎？」

「哦……」愛迪生內心非常激動，但是卻只是輕輕的點了點頭，他做夢也沒想到能賣這麼多錢。

「那麼一言為定，你三天後到我辦公室來簽約、拿錢。」雷法司先生拍拍還愣在那兒的愛迪生：「好好幹，年輕人，你的前途無量。」

簽約後，雷法司的助理給了愛迪生一張支票，他從來沒有進過銀行，更沒見過支票，對著這張有他的名字，也有四萬元數字的支票，實在不知該怎麼辦，助理告訴他可以存入華爾街的一家銀行，於是，愛迪生緊抓著那張支票，飛奔到了銀行。

銀行裡擠滿了人，服務員隔著一層玻璃，坐在櫃檯裡面，愛迪生趕緊把支票遞了進去，服務員翻開一看，又把支票退出來，嘀咕了一句，銀行人聲吵雜，愛迪生的聽力本來就糟糕，哪聽得清楚？他就怒

氣沖天的回到雷法司的辦公室去。

「你們說這一張小紙片可以換錢，我就知道沒有那麼好的事，銀行把它退給我了。我不要『支票』了，你們把四萬元現金給我！」愛迪生氣急敗壞的對雷法司先生說。

「慢點，慢點說，你說你到銀行去，他們不肯給錢，把支票又退還給你了？告訴我是哪一家銀行？」雷法司先生一面按鈴把他的助理叫進來，一面設法穩住大發脾氣的愛迪生。

幾分鐘後，助理笑著向雷法司先生報告，原來是銀行行員叫愛迪生先開一個帳戶，然後在支票後面簽名背書，才能提款。雷法司先生哈哈大笑，就派助理陪著愛迪生去銀行，愛迪生還是對銀行充滿戒心，堅持要拿四萬元現款。他把一大堆鈔票，塞滿了身上所有的口袋，就這樣搖搖擺擺的回家去了。

那天晚上，他失眠了。拿不定

主意到底如何處理這麼多錢，他在這堆鈔票上坐了一夜，想藏在床底下，又怕人偷，帶在身上，又容易丟。「怎麼辦才好呢？」愛迪生心中煩惱著。

第二天，愛迪生還是決定找雷法司先生的助理，陪他把錢存入銀行。

　　　　※　　　　　　※　　　　　　※

「哈哈哈哈……，愛迪生真是特大號土包子！」小莉大笑。

「爸爸，什麼是『背書』啊？」小銘不懂。

「就是一種銀行手續，在支票後面簽名，表示持有支票的人就是支票上的受款人。」

「你們猜，愛迪生怎麼用這筆錢？」媽媽問兩個孩子。

「買書，買工具。」兩人說。

「不錯，你們猜得對極了。」爸爸很滿意的點點頭：「不但買了書、

工具、儀器、化學藥品，他還在紐華克市開了工廠，製造這種機器。」爸爸回答。

　　「愛迪生有沒有結婚？他有小孩嗎？」小莉問。

　　「有呀！他平時見了女孩子，就結結巴巴的說不出話來，直到他碰見瑪麗‧史蒂威爾小姐。」

7

成家立業

創業起步

經過多年的奮鬥，愛迪生終於有了這筆錢，可以全心全意發明產品、買他想買的很多書、儀器和工具了。他仔細的計劃了一下，決定在紐華克市生產金價股市顯示機，因為那邊費用比較便宜，而且往來紐約也很方便。同時，他寄了一筆錢給父母親，很高興的把他的近況報告了一遍。那年冬天，他忙得幾乎連睡覺的時間都沒有，親自監督廠裡一百五十多個工人生產金價股市顯示機。

愛迪生雇用工人，只注重能力。他的工匠都必須有靈巧的雙手，對機器有基本知識，甚至不會說英文也沒有關係。一旦找到這種人，他就重用他們。約翰‧歐圖就

是一個例子，他才二十一歲，因為能夠很靈活的把一堆零件組合成一臺機器，愛迪生就讓他擔任工頭的職位。話一傳開，附近一些能幹的年輕人都紛紛來加入他的陣營。其中包括：英國人查爾士·白卻拉，他能畫精細的樣品圖，然後按圖製出樣品；約翰·庫塞，原本是瑞士鐘錶工匠，能製造任何機器；西格蒙·伯克曼，只會說德文，但是聰明又努力，是個很有潛力的技師，多年後，他回到德國建立了歐洲最大的電器公司。

這些人在「老總」——他們對愛迪生的稱呼——的領導下，不斷的充實自己，雖然工作時間很長，壓力也大，有時還會不分晝夜的趕工。例如，有一次，一批股市報價印表機出了問題，愛迪生告訴員工，問題不解決，誰都不能回家，他把工廠大門給鎖上了。這一夥人硬是不眠不休的工作了六十個小

時，一直等到問題解決以後，才讓大家回家。後來，同事們的太太送飯給先生，都說是來「探監」。在愛迪生的工廠，工作有趣，大家相處得又很融洽。有時候，「老總」會給大家一個驚喜，突然宣布放假一天，大家一起釣魚去。在這種和諧的環境下，公司業務蒸蒸日上。

愛迪生雖然忙碌，仍然不忘寫信給父母親。因為休倫港附近的軍營徵收了愛迪生家的房子，山姆的收入又不穩定，所以愛迪生經常寄錢回家。其實他自己的財務情況也並不好，並不是生意不好，而是他對管理財務，完全沒興趣，也不會記帳。他的記帳方法是在牆上釘上兩個大釘子，一個掛著應該付給別人的帳單，另一個掛著別人欠他的帳單。除了發薪水，一有錢就買書、買工具。

1871 年，在紐華克設廠後第二年的 4 月 9 日，他親愛的母親去世

了，愛迪生收到電報，非常傷心，急忙趕回休倫港參加喪禮。喪禮後，他極力邀請父親到紐華克來養老，山姆答應兒子會到紐華克來小住，就這樣，愛迪生離開了充滿童年回憶的家鄉，從此，他就沒有再回去過童年的家鄉。不久以後，他遇見一位溫柔美麗的女孩子，瑪麗‧史蒂威爾。

墜入情網

　　一天下午，外頭下著大雷雨，愛迪生正要出門，他看見有兩位年輕女孩站在屋簷下躲雨，兩人的頭髮都溼了。

　　「兩位小姐，雨下得這麼大，妳們進屋來吧！」愛迪生把門打開。

　　「謝謝你，真不好意思！」兩人感激的對他笑了笑。

　　「我是艾爾‧愛迪生，這是我的工廠。」

　　「我是瑪麗‧史蒂威爾，她是

我妹妹愛莉斯。」瑪麗有點害羞的介紹著自己和妹妹。

愛迪生看著滿頭雨水的瑪麗，覺得她真是漂亮極了。瑪麗被他盯著，臉都紅了，低下了頭。

「那，妳們住在附近嗎？」他也有些緊張。

「是的，我們住得不遠。」

從談話中，愛迪生知道這兩姐妹家境貧窮，瑪麗希望能找到工作，以減輕父母親的負擔，愛迪生正好缺人，就叫瑪麗到他工廠上班。愛迪生從來沒和女孩子交往過，不知道如何表示好感，只會盯著人家看。幸好，他的夥伴莫瑞，陪著他到瑪麗家中造訪過幾次後，愛迪生才慢慢鼓起勇氣，邀請瑪麗外出散步、野餐。

在1871年的耶誕節，愛迪生和十六歲的瑪麗結婚了。愛迪生暫時停下手邊的工作，帶著新娘到尼加拉瀑布渡蜜月，好好休息了幾天。

一年之後，他們的第一個小孩出生了，取名瑪麗安，愛迪生叫這可愛的小寶寶「點點」。之後，他的大兒子「線線」和小兒子「湯姆」也相繼出生了。

愛迪生在家的時間很少，但是只要他在家，總是和三個孩子玩在一塊，雖然常把屋子裡搞得亂七八糟，但是溫柔的瑪麗一點也不以為意，看著他們，心裡充滿了溫暖。

在紐華克的五年之間，除了結婚生子，愛迪生在改良電信方面，發明了自動收訊、四重收訊裝置和自動記錄電訊等專利，對電信業的貢獻很大。自動收訊的設計，使收訊的一方不需有人守在電報機旁，收進的訊號可以被自動記錄下來，節省不少人力，因此他的名氣在專業同行中，逐漸響亮起來，有些公司就自動來找他研究發明一些機器。雖然愛迪生幾件專利賣了不少錢，可是他只想專心發明產品，又

不會理財，時常沒錢付房租，有一次，差點被房東趕出來。

電報業中有一位「流氓」，名叫傑·古德，他一直想壟斷電信市場，他很快就看出電報自動記錄機的價值，他利用愛迪生的天真本性和不善理財的弱點，欺騙愛迪生，他說，他將出四百萬元支援研究這個電報自動記錄機的計畫，條件是把專利權給他。結果他只支付了一小部分的錢，就取得了專利。為了這一件事，愛迪生和他打了三十年的官司，最後雖然打贏，卻只拿到一塊錢的賠償費。不但如此，古德又併吞了競爭對手，壟斷電報市場，這些作法使愛迪生非常厭惡，有很長一段時間，拒絕為電信業做研究，否則，他對電信業的貢獻可能更大。

值得一提的是在這段期間，愛迪生見證了電磁波的存在，只可惜那時候沒有進一步研究。

　　早在 1875 年，愛迪生在改良電報的時候，試著用一個振動器發出少量的高頻率電磁波，他發現振動器接觸到的金屬，會產生火花。這個現象，大部分的電報員都看到過，只有愛迪生認為這個現象一定有點原因，很可能是一種新的物理現象。還特別做了一個觀察這種現象的小箱子。當時，很多人嘲笑他，認為他太誇張。其實，他所觀察到的就是收音機和電視的原理。由電臺發出的電磁波，就像他由振動器發出的電磁波一樣，可以傳達很長的距離，當然，電臺所發出的電磁波，強度要大很多。多年後，赫茲先生因為證明了電磁波的存在，在 1925 年得到諾貝爾獎。

※　　　　　　　　※　　　　　　　　※

　　「愛迪生為什麼叫小孩子『點點』、『線線』？不叫『方方』、『圓圓』呢？」

「哦，是因為電報是由『點』和『線』組成的，每一個英文字母都有一個代號，例如，A的代號是『．－』，B的代號是『－…』。國際上通用的緊急求救訊號SOS的代號是『…－－…』。電報員按照這種密碼收發每一個字母，把字母拼湊起來，就變成一封信。」

「爸，為什麼有電報？它有什麼用呢？」

「電報的功用就像是現在的電子信件，一百多年前沒有電腦，當然也就沒有電子信件。平時大家都寫信，靠火車、馬車把信件運到各地，所以信件往來很慢。如果有緊急的事情，就必須打電報。自從有了電話、傳真和電子信件，電報已經被淘汰了。」

「愛迪生一家人一直住在紐華克嗎？」

「沒有呢，三個小孩出生後，他們就搬家了。」

曼羅公園的魔法師

　　愛迪生的名聲愈來愈響亮，工廠也愈來愈忙。兒女相繼出生，紐華克的房子快不夠住了，而且，瑪麗覺得附近的環境，並不適合小孩子，她一直很想有一大片院子，兒女可以在戶外玩耍。愛迪生也覺得工廠太吵雜，應該換個環境。他希望能有一個完善的工作室。

　　恰巧，山姆來訪，愛迪生就請他幫忙在紐約附近找地，他要蓋一幢房子。他腦海中早已有了一張藍圖，裡面要有專門做實驗的地方，要有製造模型產品的位置，還要有一間圖書室，存放所需要的書籍報告。不久，山姆就找到了紐澤西州的曼羅公園。

　　那時候，曼羅公園是個很荒僻的小村莊，在紐約市西南方二十五哩，從紐約到費城的鐵路在村口有一

一個小站。附近是起伏的丘陵，丘陵上野花隨著微風輕輕的搖動。古老的馬車道旁，常常可看見幾頭牛低著頭慢吞吞的吃草，村裡只有幾戶人家，一派寧靜和諧的氣氛。因為荒僻，土地價錢十分便宜。愛迪生用五千二百元就買下兩塊地，還包括一棟已經蓋好的房子。愛迪生打算讓家人搬進這棟房子，在另一塊地上蓋他的工作室。從家裡到工作室，只不過三百公尺的距離，愛迪生站在工作室的二樓，還可以看到瑪麗在院子裡晒衣服，孩子們跑來跑去的追逐蝴蝶。瑪麗和三個孩子非常興奮，都迫不及待的想搬入新居。

在 1876 年的一天早上，天空一片雲也沒有，初夏的陽光溫和的照著大地，只有幾隻麻雀在樹上聊天。忽然，從馬車道的一端傳來人聲:「媽咪，快來呀，有好多馬車停在那個『學校』門口，車上有好多

好多的箱子，還有很多人呢！」一個
五、六歲的小女孩興奮得一面跑、
一面喊。很快的，一群孩子們就聚
集在那個「學校」門口了。這所
「學校」是一棟兩層樓高的白色房
子，長一百呎，寬三十呎，外面有
矮欄杆包圍著，前面有個玄關，窗
子很大很高，不像一般的住家，村
裡的人都猜是一所學校。這所「學
校」就是愛迪生的新研究室，也是
全世界第一所私人成立的研究發明
工作室。

「嗨，你是老師嗎？」這個女孩
子問愛迪生。

「我不是老師，我是發明東西
的人。」愛迪生彎下腰，對這個小女
孩說。

「那個大木箱裡是什麼？」

「製造東西的工具。」

「哦，什麼樣的工具？是鋤頭
嗎？」

愛迪生笑了起來，「不是的，

等我們把它裝好了，妳再來看，好不好？」這一夥看熱鬧的孩子一齊點頭。

　　愛迪生帶領著他的部屬白卻拉、庫塞等一群人，在房裡叮叮咚咚的忙了好幾天，終於把所有的東西都安置好了。樓下辦公室後面，有一小間屋子擺滿了書，是愛迪生的圖書室；另一間辦公室放了好多大小不一的工作臺，臺子上放了顯微鏡、三稜鏡之類的儀器，還有各式工具，正中央有一個放蓄電池的架子，排滿了大大小小的各種電池。樓上實驗室中央放著幾張工作臺，而四面牆上釘滿了架子，架子上全都是一瓶瓶的化學藥品。他從來不吝嗇買書、儀器和工具，這次更是好好的收購了一場，他要把這個實驗室變成他的天堂。隨著他搬來的員工，都在附近買了房子，有些單身的員工就住進了莎拉阿姨※的宿舍。

曼羅公園真是一個非常忙碌的「天堂」，愛迪生曾經誇口，打算每十天有一項小發明，三個月一項大發明。事實上，在曼羅公園的五年中，的確是他發明的高峰，幾乎每個月都和專利局打交道。最高紀錄有四十四項產品在同時進行。剛搬進來，他就埋頭研究電話，跟著他搬來的一夥人，都是他的死黨，非常清楚他的工作習慣，但是附近鄰居都很驚訝，這些在白色房子裡的人，怎麼從不休息？不論日夜，總是有人在裡面工作。

※　　　　　※　　　　　※

「愛迪生是不是在這個工作室裡發明電燈的？」小銘說。

「沒錯，電燈、電話和留聲機都是在這裡發明出來的。」爸爸回答。

　　＊莎拉阿姨　是指莎拉‧喬登，她是愛迪生的遠親，愛迪生特別請她來管理宿舍。

「愛迪生是和貝爾一起研究電話嗎？」

「不是的。他們兩個人互相競爭，過程可是很精彩的呢！」

9

電話大戰

　　就在愛迪生忙著搬家的時候，住在波士頓的亞歷山大・貝爾，一個文質彬彬的年輕人，抵達紐約，急於把他「會說話的電報」的專利權，賣給西方電報公司。那一天，貝爾坐在從紐約開往波士頓的火車上，呆呆的看著窗外綠油油的原野，心情相當沮喪。西方電報公司的大老闆奧頓先生說的話不斷的在他腦海裡旋轉，「我們對這種豪華玩具沒有興趣」。他研究這種「會說話的電報」已經有五、六年了，幸而幾個月前拿到專利，原以為可以賣給西方電報公司，沒想到自己把價錢壓到十萬元，西方電報公司的奧頓先生還說出這種叫人傷心的話來。眼看錢很快就要用完了，他真的很著急。看來 7 月在費城的展覽會是唯一的希望了，他覺得有塊

大石頭壓在心上。

幾個月後，在「美國開國百年展覽會」上，貝爾的心血沒有白費，民眾對貝爾的「會說話的電報」反應非常熱烈，不少人開始談論要投資在這種新式電報上，而且貝爾的投資者已經宣稱，準備大張旗鼓，組織電話公司。看到許多人對這種「會說話的電報」如此有興趣，西方電報公司的股東們開始緊張了，害怕別家電報公司朝這個方向發展，會影響他們的生意。奧頓先生懊悔不已，他沒想到被自己稱為「豪華的玩具」的東西，居然有很大的市場潛力。他趕快把愛迪生找來，要他加速研究這種「另類電報」。

愛迪生仔細的研究了貝爾設計的電話，發現了很多缺點。例如，它的聽筒和話筒構造一樣，說話的時候放在嘴邊，聽話的時候放在耳邊，很不方便。而且只能在短距離

內通話，超過兩哩就聽不見聲音；另外，聲音不穩定，雜音又多，必須大聲對著話筒喊叫才行。貝爾的電話裡，裝了一片很薄的鐵片，作為振動板。這片振動板旁，放了一小根磁鐵棒，磁鐵棒的一端纏著銅製的彈簧，另一端連接在底板上。聲音經過振動板，發生振動，因此，磁鐵棒上的彈簧也隨著聲音強弱而振動，這種傳音方式的效果不好，因為彈簧振動的幅度不夠大。

愛迪生研究的結果，認為需要尋找一個可以通電的傳音媒介。這個媒介必須有彈性，最好是固體。經過幾個月不眠不休的實驗，終於發現壓縮碳素的效果最好。

他又把聽筒和話筒分開，把電池裝入話筒，藉電池的力量加強振動幅度，使聲音可以傳達得更遠、更清楚，所以通話的效果遠超過貝爾的產品。

愛迪生把這項專利依研發合約

賣給西方電報公司。可是愛迪生並不知道，在他申請成品專利權的前兩個星期，有一位叫艾默·伯林勒的年輕人已經開始申請半成品的專利權，而且貝爾已買下了他這項專利權。因此，貝爾公司要求愛迪生停止任何在話筒上的研究發明，於是和西方電報公司開始打官司。

在這期間，貝爾也很努力的改良他的設計，結果是貝爾的電話，收聽效果比愛迪生的好，愛迪生的電話，傳音效果比貝爾的好。雙方從 1877 年開始，就在大西洋兩岸展開空前大競賽。

貝爾在 1877 年初到倫敦推廣宣傳，申請到英國專利。幾個月後，愛迪生的電話，在倫敦和諾維奇，相距一百一十五哩，試驗通話成功，轟動了整個英國。

1878 年的 3 月，愛迪生的電話在費城和紐約，相距一百零七哩，第一次通話，西方電報公司的股東

都在場觀看。這次試驗通話非常成功，股東們馬上開始討論如何推展業務。

雙方都知道應該截長補短，綜合兩種產品的優點，於是開始一連串的談判。愛迪生在這場競賽中，充分顯示出他源源不斷的創造力，不停的改進缺點，給貝爾方面相當大的壓力，使西方電報公司在和貝爾的談判中，爭取到優惠的權益。經過多方協調後，貝爾終於答應付百分之二十的使用權利金給西方電報公司，西方電報公司同意退出競爭。一場歷時將近三年的大戰，終於在 1879 年 10 月停止。

※　　　　　　　※　　　　　　　※

「原來如此。難怪老電影中的電話，聽筒和話筒是分開的，原來是愛迪生的主意。」小銘恍然大悟。坐在旁邊的媽媽笑了起來，她愛看老電影，有時兄妹倆也會陪她一起

觀看。

　　「那，留聲機是怎麼發明的?」
小銘問。

10 留聲機

　　愛迪生如果發現任何不懂的地方，他就非弄明白不可。因此，在研究Ａ產品時，如果出現一些不懂的現象，他就會一直追蹤下去，不論和Ａ產品有沒有關係。留聲機就是在這種情形下發明的。

　　當時，愛迪生腦袋裡都是振動板、音波等等和電話筒有關的設計。有一天，愛迪生用的電報記錄機＊，因為電流不穩定，而發生故障，他把記錄機上的石蠟紙抽出來時，似乎聽見滴滴答答傳送密碼的聲音，靈機一動，他回身就把紙頭放到旁邊的話筒振動板下，對著振動板大叫「喂」，一面很快的把石蠟紙拉過，振動器因音波起伏，在紙上留下痕跡，隨後，他把耳朵貼

　＊電報記錄機　記錄電報密碼的機器。

在機器上，又把有痕跡的石蠟紙再拉過振動器一次，他確信聽到類似「喂」的聲音。就這樣，他一方面改良話筒，一方面也開始研究留聲機。

愛迪生把幾個月的實驗紀錄整理出來，在 1877 年 11 月底，交給庫塞一張手繪的設計圖樣，圖上的機器很奇怪，有一個帶著把柄的大圓筒，上面有淺淺的溝紋，有一根針固定在圓筒的一端，在有把柄的一端，是一個移動振動板的杆子。

「老總，這是個什麼東西？怪形怪狀的，有什麼用呀？」庫塞拿著圖去問愛迪生。

「這個東西可妙了，它會把聲音記錄下來，我叫它『留聲機』。」

「真的？記錄聲音？不是開玩笑？」庫塞抓抓頭，不太相信。

「你不信？要不要打個賭？」愛迪生環顧兩旁圍攏過來的員工。

「好啊，老總，我賭一支雪茄

煙。」有人馬上開口了。

「我賭兩支雪茄煙。」大家七嘴八舌，興趣高昂。

留聲機完工的那天，大家都急著看老總怎麼用這臺怪物。愛迪生很小心的用錫紙包在圓筒上，他握著把柄，開始轉動圓筒，同時把嘴對著有振動板的一端，唱起兒歌來了：「瑪麗有隻小綿羊，牠的毛白得像雪花，瑪麗去哪裡，小羊都緊緊的跟著她。」唱完，他把針頭對準出發點，然後再度轉動把柄。

「瑪麗有隻……」愛迪生的聲音從這臺怪物中傳出來了。

「老天，我不敢相信。」庫塞大叫，嘰哩咕嚕開始說起德文來了。他簡直不能相信這個奇形怪狀的機器，居然能重複愛迪生唱的歌，所有在場的人都呆住了。愛迪生自己也嚇了一跳，這個初製品居然如此成功。

那一天晚上，大家都捨不得離

開，搶著去試驗這臺神奇的機器，有人對它大聲笑，有人說繞口令，有人唱歌，有人怪聲怪氣的說話……，好像一群小孩子在玩一個新玩具。當然，最高興的是愛迪生，他的桌上堆滿了贏來的雪茄煙。

幾天後，愛迪生抱著留聲機去見《美國科學》的編輯，這是一家專門出版科學論文和新聞的雜誌社。愛迪生開始示範機器，人愈聚愈多，很快的，人多到令編輯畢曲先生擔心地板會塌陷的程度。他不得不讓愛迪生停止。

愛迪生發明了「會說話的機器」，消息立刻傳播出去，他成了「曼羅公園的魔法師」——所有的報紙都如此稱呼他。每天都有大批人群湧進曼羅公園，要看這臺機器到底是怎麼說話唱歌的。有一位牧師，懷疑其中有詐，認為一定是有什麼人躲在附近模仿別人的聲音，所以他以最快的速度念出一大串稀

奇繞舌的《聖經》裡的人名，當他聽見留聲機播出這一連串的名字，他才不得不承認這臺「怪物」的確會記錄聲音，因為，他知道世界上沒有第二個人，可以用他的速度念出這麼多難念的名字！

邀請愛迪生示範留聲機的信件像雪片一樣飛來，1878 年的一個 4 月天，愛迪生和白卻拉兩人，在國會議員前展示了這部機器，轟動了國會山莊。當晚十一點，海斯總統派人來請愛迪生到白宮示範，總統和幾位部長都很興奮，內政部長卡爾‧術姿（曾是林肯總統的得力助手）還彈了一曲鋼琴，本來第一夫人已經就寢，但是樓下笑聲不斷，非常熱鬧，她好奇的下樓，也參加了這個小型的示範表演，愛迪生離開白宮時，已經是清晨三點半了。

在英國，電話大戰正打得激烈。留聲機的發明，大大增加了愛迪生的知名度，對西方電報公司而

言，這個時機實在是太好了。於是，新的電話筒就和留聲機同時展示給英國民眾。留聲機的展示，在各大城市，愛丁堡、巴黎……，都造成空前的轟動。愛迪生做夢也沒想到，他的「寵物」，已經變成所有人的「寵物」了。

留聲機純粹是滿足愛迪生自己的好奇心而發明的，不是任何投資人指定要的產品。自從投票記錄機慘痛的教訓後，愛迪生發誓再也不發明沒有人需要，或是賣不出去的東西，因此，他過去幾年發明的東西，都是經由西方電報公司，或是其他投資人出研究經費，發明成功後，將專利賣給投資者的。但是留聲機卻也不同，所以在他所發明的諸多產品中，留聲機一直是他的最愛。他經常開玩笑的稱呼留聲機「小寶寶」——他喜歡把心愛的研究專案稱為「寶寶」。他曾對人說:「我要好好照顧這個小傢伙（留

聲機），把它改良成個大壯丁，將來就靠它養老啦！」這時候的愛迪生，在專業界早已樹立了自己的名聲，留聲機的誕生，經過各地報紙雜誌的報導，使他第一次在一般民眾前大出風頭。

※　　　　　　　※　　　　　　　※

「愛迪生好聰明喔！」小莉無限欽佩。

「小莉，做偉大的人，偉大的事，不能僅僅依靠聰明。最重要的是努力和毅力。有人誇獎愛迪生是天才，你們猜他是怎麼回答的?」媽媽說話了，兄妹兩人搖了搖頭。

「他說:『天才是一分靈感，九十九分的努力。』你們一定要記牢這句話。」媽媽看著兄妹倆說。

「對極了！如果愛迪生不夠努力，或是沒有堅強的毅力，他就不可能發明電燈。」爸爸立刻附和。

「發明電燈的過程，就像在黑夜裡

攀登一座沒有路的高山，如果沒有百折不撓的勇氣，是爬不上山頂的。」

「爸，他是怎麼開始研究電燈的？」

11

邁向光明的
第一步

　　自從短暫的蜜月旅行以後，愛迪生經常夜以繼日的工作，七年來，沒有輕鬆度假過，尤其是花了很多時間到處示範留聲機，他感到身心俱疲。正好，在留聲機的事務告一段落後，賓州大學的物理大師伯克教授，邀請他參加一個科學探勘隊，到美國西部做各種學術勘察實驗，愛迪生欣然同意，還帶著他新近發明的微壓計＊，準備在 1878 年 7 月 29 日日蝕的時候，試驗這項發明。他的法律顧問拉瑞先生，也參加了這個為期兩個月的旅行。途中，伯克教授和拉瑞先生都積極鼓勵愛迪生做電燈方面的研究。

　　從 1808 年開始，英國學者戴衛，就在皇家學院做過試驗，將電

 放大鏡 　　＊微壓計　可用以測量很細微的溫度變化。

88

流通過二根碳棒，碳棒氧化時就會在碳棒之間產生一道弧形的藍白色的光，這就是原始的電弧光。電弧光缺點很多，它的光太強、太熱，只能用在室外，容易中斷，而且維修電弧光的有關設備相當困難。經過多年改良，1860年代，英國海邊燈塔開始用它來導航船隻，巴黎的羅帕大道，已經開始用電弧燈照明了。在美國，布拉希和很默爾兩人，也正在試著用電弧光做街燈。

1878年9月，康乃狄克州的楓葉已經塗上胭脂，火車穿梭在彩色的樹林中，風景真是美極了。愛迪生和柏克教授一夥人就在這樣一個秋意盎然的下午，到達華理斯的工作室，參觀他的發電機和電弧燈。華理斯興奮得展示出八個電弧燈。

「哇，真亮啊！」愛迪生大叫。

「每盞燈有五百燭光呢！」華理斯驕傲的回答。

「電流呢？多強的電流？電壓

多大？發電機在哪裡？我能看一下嗎？」愛迪生像連珠炮似的發出一連串問題，一面前前後後的仔細觀察著這些電弧燈。

「當然可以，請跟我來。」華理斯一面說，一面帶著這些訪客，走向那臺八馬力的發電機。

愛迪生像小孩子進了玩具店，東張西望，在各種儀器間跑來跑去，爬上爬下的看著那臺發電機，一會兒，又趴在桌上寫寫算算，電量流失多少啦，煤的日用量多少啦（用煤發電），一刻也沒閒下來，他閃亮的眼神裡，散發出一股強烈的好奇心，腦海裡飛快的閃過一個念頭——如果能把這麼強烈的光，分割成幾個光度比較溫和的燈，豈不是大大增加了電燈的實用價值嗎？從那天開始，愛迪生就決定著手發明電燈。

在那個年代，城裡的人一般是用煤氣燈，在鄉村，多半是用煤油

燈或是蠟燭照明，愛迪生的目的是想用電燈取代煤氣燈，使一般家庭都能使用。

他先對煤氣管的分布，煤氣燈每天使用量的高峰時刻、優劣點等等，做了詳細的分析，在這過程中，他對未來要發明什麼樣的電燈，腦海中已漸漸有了藍圖。同時，他也發現，他必須先解決一連串的問題，例如：現有的發電機效率不夠；電力會因距離而逐漸流失；電路如何連結分布；每一個電燈必須有自己獨立的開關等等，才能使電燈變得實用。

當時，研究電弧光的人，都是用串聯的方式傳電。可是，串聯的缺點是只要關掉線上的任何一個燈，其他的燈就不會亮（像耶誕樹的裝飾燈一樣），這種情形當然會引起許多的不方便，非要改良不可。至於電燈本身，他必須找到一種能耐高溫的燈芯，才可以長時間

發光。總而言之，問題又多又難。從電燈泡到發電機，全是問題。

值得強調的一點是，愛迪生發明的不只是電燈，而是一個完整的電燈照明系統。大部分的人都在研究電弧光，只有很少的幾個人在研究小型的白熱燈。愛迪生要把電弧光（500燭光）分割成亮度溫和的小白熱燈，是違反潮流的，很多人認為電流不可能分割，拚命嘲笑他。愛迪生卻一直維持自己獨立的思維，並沒有受潮流的影響。

從一開始，愛迪生就認定要用電阻大，電流小的燈芯，他的方向剛好和當時的學者專家相反。那些學者，缺乏愛迪生的實地經驗，並不完全了解「歐姆定律」＊的理論。英國的凱文爵士，是當時最權

放大鏡

＊歐姆定律　就是：電壓＝電流×電阻的意思。在固定的電壓下，電阻愈高，通過的電流愈少；就像水流過水管一樣，如果水管中的阻力愈大，經過的水流當然愈少。

威的電學家，他就認為，如果電流量固定，電燈的數目愈多，電量的流失就愈大。因此，為了維持一定的電流，電壓必須超級強大，而且這需要大量的銅來做電導體，會非常昂貴，根本不可能實行，他反對愛迪生的想法。19世紀的歐洲，科學方面比美國先進，凱文爵士的言論，非常有影響力，因此有很多人都譏笑愛迪生沒有受過電學教育，不懂專業理論，只是一個「工匠」。而這名「工匠」，卻正在埋頭苦讀各種科學論文和書籍，並不理會外界的傳言。

當時的發電機無法大量發電，愛迪生和歐普頓花了很多時間研究改良發電機，做了很多試驗，終於製造出一臺高效率的發電機。因為這臺機器有兩根很高的柱子，大家都叫它「長腰瑪麗安」。因為愛迪生一直認為重點是電壓，不是電流。於是，他把研究重點放在電

壓，而不是放在電流上。愛迪生知道串聯的問題，是把所有的燈全部連接在一條電線上，所以關掉任何一個燈，都會影響同條線路上的燈。他解決這個問題的方法，是從這條主幹電線上分出許多支線，就像是從大樹上伸出許多小樹枝一樣，一根樹枝斷了，並不影響其他的樹枝，所以每條支線上的電燈，都可以自由開關，這就是他發明的並聯式傳電，解決了串聯的缺點。

尋找適合的燈芯更是困難重重，愛迪生試驗了幾千種的東西，決定往碳化的方向進行。第一個用的是碳化紙，因為碳的熔點很高，可是卻不能持久，很快就熄滅了。經過多次試驗，證明在真空的玻璃罐裡，燃燒的時間比較久。於是，他知道要用真空的燈泡。為了製造燈泡，他特別請來一位吹玻璃的工匠波姆，又在工作室後角，加蓋了一小間專門吹玻璃的小屋。把燈泡

抽成真空非常費時，燈泡又小又薄，不知摔碎了多少玻璃。他又向英國買了一臺特製的馬達，準備用來抽燈泡中的空氣。一天，歐普頓告訴他：「老總，我們訂的那一臺馬達，還在輪船上。但是我聽說普林斯頓大學有一臺『史潘格』馬達，要不要我去向普大借來先用一下？」

「太棒了，你馬上去。如果有這臺馬達，可以省下不少時間。」愛迪生迫不及待的說。

歐普頓扛著馬達回工作室的時候，已經是晚上了，外頭還下著大雨。歐普頓又累又餓，他一進工作室，愛迪生就迎上來，兩人立刻開始工作，直到第二天清晨，兩人才回家睡覺。這就是愛迪生的工作態度——不達到目的，絕不罷手。

愛迪生發現碳化紙又細又脆，很容易斷裂。他就試用金屬。而適合做燈芯的金屬，不但要能耐高溫，還必須能被抽成絲狀。那段時

間，一共試了一千六百多種的金屬和合金，他們仔細的記錄每一種的電阻力、受熱力、散熱情形和對不同電壓的反應等等，發現白金的效果最好，缺點是產量少，價錢又貴，不可能大量生產。愛迪生的律師拉瑞知道後，很緊張的寫了一封信給愛迪生，提醒他千萬保密，否則消息一傳出，白金的價錢一定飛漲。

一個夏天的晚上，愛迪生坐在桌邊，一手撐著頭，一手輕敲著桌面，滿腦子都是燈泡的問題，桌上的煤油燈昏昏黃黃的，燈罩上全是煤煙灰，燈座上也積了不少黑漆漆的焦油，他順手把焦油剝下，又把燈罩上的煤灰擦了擦，手上沾滿了焦油和煤灰，他搓搓手指頭，想把手弄乾淨，發現手中搓出一條細線，突然，他靈機一動:「白卻，白卻，快來!」愛迪生一向如此稱呼白卻拉。

「老總，什麼事啊？」白卻拉急急忙忙的趕過來。

「快，把這『寶貝』放進燈泡去。」愛迪生把手上的焦油絲遞給白卻拉。

「這是什麼寶貝？」白卻拉接過這條黑漆漆的線。

「這是焦油和碳灰的混合物，我有預感這寶貝很有希望。」愛迪生興奮的說。

很快的，電燈發出柔和的光芒，時間居然比其他燈芯長，愛迪生立刻開始收集焦油和碳灰，著手一連串的試驗。幾個月後，改良後的焦油碳絲已經可以連續燃燒一個多小時了，雖然離成功還有一段距離，但愛迪生確定，用碳的混合物是正確的方向。

那年夏天，愛迪生工作室的每一個人，都拚了命似的工作，生活完全以電燈為中心，然而一次又一次的失敗，不免使人垂頭喪氣。而

且，電燈成功的話，必然會代替煤氣燈，所以煤氣公司拚命攻擊愛迪生的工作，公開在報紙上取笑他，再加上一群所謂的專家學者又認為他沒有理論基礎，使得投資者非常擔心，更增加了愛迪生的壓力。但是，愛迪生縱使在最艱難的時候，也一直保持樂觀進取的態度，從來沒有放棄希望。就在大家忙著試驗碳化燈芯的時候，從英國寄來一封電報，收信的員工急忙把它遞給愛迪生。

「你念給我聽好了。」他正和白卻拉埋著頭做燈芯。

「親愛的老總：令姪查理在巴黎病逝。強生。」愛迪生一把搶過電報，看了一遍，揉了揉眼睛，又跑到窗戶旁邊看了一遍，拿著電報的手垂了下來。

「老總，……」白卻拉看著滿臉悲傷的愛迪生，不知該說什麼。

「打電報給強生，叫他安排把

查理的靈柩運回來，我要回家休息一下。」愛迪生對送信的人說。在如此忙碌的情況下，愛迪生居然會「回家休息一下」，可見他內心的哀痛。＊

※　　　　　　　　　　　　※　　　　　　　　　　　　※

「沒想到小小的燈芯卻這麼麻煩。」小銘自言自語的說。

「當然啦！不過那段日子也很有趣。多年後，大家都還津津樂道。」爸爸喝了一口水潤潤喉，接著說：「你們要知道，愛迪生最大的貢獻並不是發明電燈泡，而是發明了一整套照明系統。為了這一整套照明設施，他幾乎傾家蕩產。」

放大鏡　　＊十九歲的查理是愛迪生大哥的兒子，被派到歐洲去示範電話，他是個年輕有為的電氣技師，愛迪生對他期望很高，沒想到年紀輕輕，卻病逝在法國。愛迪生不只失去一位親人，也失去一位能幹的幫手。

12 光明的誕生

　　為了找尋適當的燈芯，全體員工都像瘋了一樣的工作。但是一次次的失敗，難免使大家沮喪。愛迪生對激勵士氣很有一套，如果看到大家情緒低落，他就叫些外賣食物，大家一起玩笑一陣。一位留聲機的投資人，羅斯福先生（富蘭克林・羅斯福總統的堂叔），送了一臺風琴給愛迪生，每當聚會，就有人彈琴唱歌，負責吹玻璃的波姆最愛表演彈奏「齊特古琴」。

　　有一次，一夥人編了一支歌取笑他們的老總：「我是電燈的魔法師，我十分清醒，別以為我在做夢……」大家聽了都笑得歪倒。

　　愛迪生也喜歡說笑話，時常播放以前錄在留聲機上的音樂，放鬆大家緊張的情緒。最重要的是他能以身作則，那段時間裡，他幾乎是

全天都在工作室，雖然他家就在工作室旁，他都很少回家睡覺，如果累了，就隨便找個地方睡一會兒。如果看不到他的身影，大家都知道他一定是躲在樓梯下面那個凹進去的地方睡覺。*

經過一個夏天的努力，幾乎碳化了所有可能被碳化的東西，甚至連白卻拉的鬍鬚都成了試驗品，終於發現用碳粉緊裹住棉線，再把它碳化，用這種方式做出來的燈芯最不容易斷裂，於是，他們碳化了一整卷的棉線，用了一段又一段，改良又改良，燈芯燃燒的時間由十三小時到十四小時、十五小時……，一次比一次進步。

這一天，愛迪生又點燃了一盞燈，開始記錄一個新的試驗。像往

放大鏡

*多年後，福特汽車的創始人亨利·福特，非常希望效法愛迪生的領導方式，培養出這種士氣，曾經多次與這些參與電燈工作的員工詳談，可惜環境不同，未能成功。

常一樣，大家輪班看守。歐普頓不舒服，愛迪生就叫他回家好好睡一覺。第二天，他回到工作室，發現大家都圍在那一盞電燈前面，那一盞燈已經連續發光一天一夜了。歐普頓急忙擠過去，愛迪生正在一點一點的把電流加強，燈光也跟著一點一點的加強，大家的心都提到了喉嚨，當愛迪生把電流開到最大時，所有的人都停止了呼吸，眼都不眨的盯著那盞電燈，燈芯在極度高溫下終於斷了（正常的電燈不會有那麼高的溫度），他們都知道碳化燈芯已經成功了！

　　白卻拉和庫塞高興得從椅子上跳了起來，歐普頓忍不住高聲歡呼，工作室裡的人興奮的互相擁抱，又叫又笑，只有愛迪生還能保持冷靜，把斷掉的燈芯放到顯微鏡下檢查。他認為棉線中的纖維質是一個成功的因素，就開始尋找更理想的燈芯。

　　愛迪生試著碳化各種有纖維質的東西，試了很多種的植物，像桃花心木、黃楊木、椰子殼上的棕毛，甚至連員工的鬍鬚，都用來試驗了，最後發現一種日本土生的竹子，效果最好。不用說，他立刻派人到日本和中國去找尋類似的竹子。不但如此，他還派了兩個人到南美洲的原始森林去尋找纖維質長的植物。從這種嚴密的找尋方式，可以看出他認真的程度。

　　第一根成功的燈芯雖是碳化棉線，現在的電燈燈芯卻是鎢絲。愛迪生曾經試用過鎢絲，沒有成功，因為當時沒有工具可以把鎢抽成細絲。

　　拉瑞得到碳芯成功的消息，大大鬆了一口氣。因為那些投資者正吵著要停止投資，拉瑞雖然鼎力支持愛迪生，可是，這批生意人吵得太厲害，他正頭痛著不知該如何使他們繼續投資。因此，當愛迪生一

開始申請碳化燈芯的專利＊，他就不顧愛迪生的反對，立刻對外公布這個消息。

12月底，各大報紙開始大篇幅報導：「一根棉線，點亮世界」，「魔法師又出新招——電燈」，「最偉大的發明——電燈照明」，「沒有火焰的燈在曼羅公園出現」。又一次，愛迪生的名字，出現在全世界的大小報紙上。大批人潮開始湧入曼羅公園，過完耶誕節，從各地來的人，把這個小村莊擠得水泄不通。

事實上，消息發布太早，愛迪生還沒準備好，為了不使觀眾失望，他急忙把工作室所能用的電燈都掛了出來，大門口掛了一個，辦公室一個，另外八個掛在外面的木杆子上。1879年的除夕，三千多人

＊愛迪生於 11 月 1 日開始申請，1 月 27 日取得專利——第 223898 號。

擠進工作室，不但要看電燈，他們
還要見一見這位魔法師。

　　愛迪生和平常一樣，穿著工作
服，背心上好幾個鈕扣都忘了扣
好，脖子上圍了一條手帕，沒戴帽
子，幾絡頭髮垂到額頭上，他很老
實的告訴大家，等新的發電機製造
好，他要把曼羅公園附近全部裝上
電燈。

　　參觀的人群中，有幾個是煤氣
公司派出的間諜，他們偷了一個燈
泡，打壞一臺真空馬達，還有一個
人，把剪刀藏在袖子裡，以為剪斷
一條電線，就會使全部的電燈熄
滅。他們不知道愛迪生已採用並聯
的方式連結電燈，也裝置了保險
絲，所以一小組的電燈熄滅，並不
影響整個照明設備，而且可以很快
修復，幾個間諜只好無功而返。

　　毫無疑問，燈泡的成功，是近
代文明的一大里程碑。但是，這只
是邁向光明的第一步，要建立一個

完整的照明系統，還需要克服許多困難，例如：發電量大的發電機、安全裝置、電線絕緣、電插頭、電錶、穩定的電流、電量流失、電路分配等等，否則電燈充其量只是個玩具而已，不能應用在日常生活上。於是，又有一些專家學者開始批評，認為愛迪生發明的燈泡，沒什麼了不起，能用他的燈泡照亮一個區域，才算成功。當然，這些專家學者中，不少人是研究電弧燈的。

　　愛迪生並沒有鬆懈下來，他瘋狂似的工作。在 1880 年，短短的十二個月之間，他就申請了六十項照明系統的專利。不但如此，除了照明系統，還有二十餘件其他的研究計畫，也在同時進行。他發明的三線式配電方法，大大減少了電線的用量，也就是說，大大的減低了成本。成本降低，才能和煤氣燈競爭。

　　愛迪生的第一套照明系統，是裝在一個富有的股票經紀人亨利‧威拉德的新遊艇上。當黑夜來臨，從這條船上發出的亮光，映在波浪上，一閃一閃，岸邊的行人都圍著觀看，威拉德先生非常興奮，常在遊艇上宴客，真是出盡了風頭。這一次的經驗，等於是一次實地演習，很快的，他就把工作室附近畫上假想的道路，開始挖掘地下管道，把電線埋入地下，釘上木杆，安裝路燈。不久，工作室、附近的房子和火車站都裝上了電燈。

　　有一天，有一位特殊的客人，出現在愛迪生的工作室。

　　「愛迪生先生，能夠見到你，參觀你的工作室，真是我最大的榮幸。」

　　「……」愛迪生呆呆的看著這位世界級的歌劇家莎容‧伯恩哈，一句話也說不出來。陪著伯恩哈女士來訪的，是愛迪生公司的一位股

東，他用手肘推了愛迪生一下，愛迪生才回過神來，有點結巴的說：「喔，……，謝謝妳，歡迎，歡迎！」

　　伯恩哈女士早已久仰愛迪生的大名，她到紐約演唱，特別要求朋友，希望能見見這位留聲機的發明人。愛迪生不厭其煩的向她解釋他的發明，她不但參觀了工作室，還唱了一段歌劇，錄在愛迪生的留聲機裡。她對人說：「看到愛迪生先生，使我想起我國的英雄拿破崙。兩人不同的地方是，愛迪生是建設性的，拿破崙是破壞性的。」

　　可惜並不是每個人都像伯恩哈女士一樣尊重愛迪生，有一些政客就想盡辦法阻撓愛迪生的照明計畫。愛迪生必須得到紐約市政府的同意，才能做大規模示範。有一些紐約市的政客，受了煤氣公司的影響，要求愛迪生付高額的電線裝置稅。這當然是非常不公平的事，愛

迪生抱怨：「政客比電燈複雜多了，和這群人打交道，真煩死我了！」因此雙方關係僵化。

　　在一個陰冷的冬天傍晚，愛迪生的律師，也是公司的股東拉瑞，帶領著紐約市的一批政客，來參觀工作室。走到二樓的時候，一片漆黑。「諸位小心腳步。」拉瑞大聲的對著客人們說。

　　「啪」的一聲——愛迪生開了電燈，大家都愣住了。二樓天花板上吊了很多電燈，光芒四射，整個房間立刻明亮得像白天一樣，屋內放著一張長條餐桌，桌上擺滿了食物，牆邊還站了一排侍者，大家目瞪口呆，不能相信自己的眼睛。「諸位貴賓，請入座用餐，我們有最好的香檳酒呢，請坐，請坐。」拉瑞殷勤的招呼客人。

　　這是一場由拉瑞導演的戲，禁不住拉瑞的遊說，愛迪生雖答應合作，心裡還是忍不住嘀咕，浪費一

個晚上，值不值得？他和拉瑞打賭一塊錢，看看招待這批人是否真能幫助推動他的電燈發展。幾天後，拉瑞笑嘻嘻的來找愛迪生。

「快拿一塊錢給我，你賭輸了！」

「賭輸一塊錢？」愛迪生正埋頭在做實驗，抬起頭，滿臉疑問的看著拉瑞，他早把打賭的事忘得乾乾淨淨。

「你忘了？為了請那一批人吃飯的事？我剛得到消息，紐約市政府批准了你的計畫。」

「真的？哇，太棒了！」愛迪生高興得握住拉瑞的手直搖，一面又急著在口袋裡找錢，「糟糕，我身上沒錢。」

「明天給我的話，就要加倍喔！」拉瑞哈哈大笑。

「喂，大家注意！」愛迪生跳上旁邊的一把椅子，大聲的對著工作室的員工說:「我們要進軍紐約嘍！」

接著兩手揮舞，笑嘻嘻的說:「明天放假一天，有沒有人反對?」笑聲和口哨聲充滿了工作室。

　雖然是放假一天，愛迪生並沒有閒著，他已經開始籌劃第一座電燈照明區了。推展電燈照明需要燈泡、發電機、電線、技術人員等等，這些都需要很多的金錢才行。當時有錢投資的人，一致認為電燈是一項新的工業，風險太大，只想坐收專利金，不願意再投資製造燈泡、發電機。愛迪生不願意放棄把光明帶給全世界的理想，只好抵押了自己所有的財產，獨自承擔風險，向銀行借錢，設立工廠，製造有關電燈的各種機器和零件，又招募一些維修人員，親自開班訓練。紐約第一座電燈照明系統，就是這樣在愛迪生的全力推動下，一步一腳印的開始了。

　愛迪生帶著瑪麗和三個孩子在1881年的2月，搬到紐約，以便親

自指揮第一座電燈照明系統的工程。十年前，他從波士頓抵達紐約時，口袋中只有幾個銅板，在街頭睡了一夜。經過十年的努力，不但成了百萬富翁，還是一位世界知名的發明家了。

他買下六十五街的一棟四層樓房，門口掛上「愛迪生電燈公司」的招牌，馬上就裝上發電機，用電燈照明。當黑夜來臨，從這棟房子裡放出的燈光，明亮得像鑽石一樣，引起很多路人的注意。

愛迪生的目標不只是照亮一棟樓房而已，他要照亮一個十條街左右的地區，所以他需要大型的發電機。經過實地考察，他決定把發電機裝置在普耳街，然後挖掘地下管道，使用地下電線，通往附近十條街之內的各個大樓。地下電線可以降低觸電機會，是比較安全的作法。但是，這種方式，不但貴，還要先解決地下電線絕緣等技術上的

問題。安裝幾十噸重的蒸氣發電機，也是另一個令人頭痛的問題，因為一般建築物都無法承受這又重又大的「大象」（愛迪生給這臺機器取的綽號）。

最傷腦筋的是人手不夠，因為他的得力助手都被派到歐洲去做巴黎博覽會和英國水晶宮示範的準備工作了，他必須親自監督紐約的工程，所以工程進展得比預期的慢。而這兩個示範展覽，對歐洲未來的電燈照明，非常重要，他不能不重視。他的照明系統，成為巴黎博覽會的焦點，輕易的拿到頭獎。水晶宮的示範，更是轟動了整個英國。

國外的成功，並沒有減輕愛迪生財務和技術上的壓力，除了時常要和銀行打交道之外，發電機、電錶和一些零件，有些是設計上需要改良，有些是製造過程有問題，工程上常有意料不到的事情發生。總之，開拓一個全新的工業，要解決

的事務實在太多了。他經常忙到連吃飯睡覺的時間都沒有。因此，拉瑞請來山謬爾‧英瑟，幫忙處理各項財務問題。他剛上任兩天，就發現有些銀行相關文件，馬上需要愛迪生簽名，到處找不到他，急得不得了，最後在地下施工的地方，看到這位名滿天下的老闆，滿身汗泥，躺在大鋼管裡呼呼大睡。山謬爾‧英瑟很快發現，他必須經常到工地去找愛迪生。

愛迪生日夜不停的工作，他的照明系統終於在 1882 年 9 月 4 日的下午三點鐘，正式開始運作。當天晚上，華爾街附近的高樓，一棟棟亮晶晶的聳立著。

面對著媒體，愛迪生只簡短的說了一句話：「我實踐了我的諾言，完成了我答應做的工作。」從那一刻開始，人類的文明由蒸氣時代，邁入了電氣時代。毫無疑問的，愛迪生是這一大步的推手。＊

　　※　　　　　　　　※　　　　　　　　　　※

　　「原來燈芯只是電燈照明的一小部分，沒想到照明系統如此複雜！」小銘欽佩的說：「電燈成功以後，他又發明了些什麼呢？」

　　「在研究電燈的同時，工作室外面也相當熱鬧。愛迪生在製造一個大玩具。」爸爸笑著說。

　　「是什麼？」兄妹一起問。

　　「是電動火車。」爸爸笑著說。

放大鏡

　　＊在研究電燈照明的時候，愛迪生在無數次的實驗中，竟無意中應證了一些科學理論。他在研究燈泡的時候，把一小片白金放在燈絲的附近，但不相連，當燈絲通電時，愛迪生發現這片白金片上也有電流通過。他特別做了一個電燈來示範此一現象，這就是「愛迪生現象」。事實上，這就是流離電子在真空狀態中傳電的現象。基本上，真空管的原理就是由此延展出來的。在發現半導體以前，所有的電視、收音機，最早期的電腦，都是使用真空管。

13

電動火車

　　早在 1834 年的時候，就有人製造電動玩具火車。德國的一家公司在 1879 年展示過有三節車廂的電動火車，不過，它一小時只能跑八哩路，一點也不實用。愛迪生為了電燈照明，改良了發電機，使它們的馬力強大又可靠，他覺得發電機不應該只用來點亮電燈，應該還可以做更多的事。

　　「愛迪生先生一定又有新發明了。你看見沒有？他工作室的人員在院子裡挖了一長條的溝，說是要把電線埋進去。」

　　「當然看到啦！聽說，等電線埋好，還要鋪上鐵軌，在上面開『電動火車』呢！」

　　「什麼是『電動火車』？」

　　「我也不懂。不管它是什麼，只要是愛迪生先生發明的東西，一

定很有用的。咱們擦亮眼睛等著看吧！」

果然，幾個月後，附近居民看到一群人坐在一個大木箱子裡，箱子前面有個火車頭似的東西，上面掛了一大串鈴鐺，頭上還有一個大大的燈泡，像眼睛一樣，閃閃發光。

「開動！出發嘍！」愛迪生興奮得把脖子上圍著的手帕解下來，揮動著。白卻拉發動引擎，這個怪物開始前進，車廂裡的人也學愛迪生，掏出手帕揮舞著，又叫又笑。怪物呼嘯的經過了幾個小丘陵，幾頭正低頭吃草的牛，聽到鈴鐺的聲音，抬頭看見這怪物，急急叫著跑開了。怪物上的乘客笑得前俯後仰，旁邊觀看的鄰居也都笑了起來。

「老總，你這鈴鐺的主意真棒！」白卻拉回過頭，笑著對愛迪生說。

「當然啦！火車有氣笛，電動火車就要有鈴鐺呀！」

這個「怪物」就在 1880 年的 5 月，成為第一輛在美國製造的電動火車，時速可以快到四十哩。愛迪生少年時代，是在火車上度過的，他對火車有特別的感情，所以特別喜歡招待朋友坐他的電動火車。但是，坐他的電動火車，需要有點膽量。

有一次，他又帶來訪的朋友兜風，一個急轉彎，把庫塞和這一位來訪的朋友摔了出去，庫塞跌成了「狗吃屎」，那位朋友在空中翻了個跟斗，跌到樹叢裡去了，爬起來後，又好笑又好氣的問愛迪生：「你說，是車子太差？還是駕駛員太瘋狂？」愛迪生還沒來得及回答，庫塞也爬了起來，一臉是土，他已經很習慣了，拍著身上的泥土，小聲嘀咕著：「老總，我的骨頭都快散了，如果骨頭散了，就沒法幹活了。你

不是說煞車已經改良好了嗎？拜託！趕快加油吧！」大家都笑了。

第二年，芝加哥有一個鐵路博覽會，愛迪生就展出他改良過的電車。試坐的觀眾有二萬多人，評語很不錯。於是有幾個人投資成立了愛迪生電動火車公司。愛迪生本想用這種電車取代火車用的蒸汽引擎，可是鐵路公司保守極了，不願嘗試新的東西。愛迪生得知紐約市正想改善火車的噪音，而這種電車正好可以派上用場，便大力推銷。不幸的是，那些高架鐵路線，被曾經狠狠欺騙過愛迪生的電訊界大流氓古德買下了，他只對賺錢有興趣，絕對不會肯改善環境的。這項電車計畫也就沒有再進行下去。

愛迪生對工作的狂熱，難免疏忽了家庭生活。他雖住在工作室附近，卻很少在家。不過，當他在家的時候，是非常喜歡和兒女們玩在一起的。研究留聲機的時候，還做

了一個會說話的洋娃娃給女兒，瑪麗安興奮得不得了了，可惜很快就摔壞了。

每年到了 7 月 4 日（美國國慶日），他都儘量和家人相聚，在後院放鞭炮，和孩子們在草地上翻滾玩耍。看著丈夫和三個孩子嘻嘻哈哈的玩在一起，瑪麗是笑得最開心的一個人。瑪麗對朋友說，一家人在佛羅里達度假的那些日子，是她覺得最幸福的時候。 1884 年夏天，瑪麗回曼羅公園小住時，不幸得了傷寒，在 8 月 9 日逝世。愛迪生非常傷心，結束了曼羅公園的工作室，從此，再也沒有回去過。

失去妻子的照顧，愛迪生的生活細節立刻有了變化。本來就不注意衣著穿戴，現在更加邋遢。有一次，一個新來的警衛，以為他是個流浪漢，硬是不讓他進入公司。三個小孩也只能寄養在外祖母家，朋友們都很擔心他的生活。他的好朋

友季禮藍夫婦，積極的幫他找女朋友，給他介紹了好多適婚女子。終於，在 1886 年的 2 月，愛迪生宣布和明娜‧米勒小姐在俄亥俄州結婚。愛迪生把家搬到紐澤西州的西歐倫鎮，接回三個孩子，開始新的生活。

※　　　　　　　※　　　　　　　※

「在曼羅公園的五年，是愛迪生創造力的高峰。有人說：他用自己的腳步，踩平了通往專利局的路。所以，要好好的把握年輕的時光。」媽媽伸了一個懶腰，睡在媽媽腿上的咪咪，也學媽媽拱起背來，又睡了下去，大家都笑了。

「爸，曼羅公園的工作室結束後，愛迪生到哪裡工作呢？」

「他新蓋了一所研究中心，開始在裡頭工作了。」

14 西歐倫研究中心

　　電燈帶給世界光明，帶給愛迪生的卻是一連串的苦惱。很多人抄襲他的電燈，專利的保障又無法徹底執行，他要花很多時間在法庭上打官司。同時，為了滿足大量電燈照明的需求，必須建立大的工廠，雇用很多工人。但是很多小鄉鎮沒有現金付給愛迪生的公司，工廠的作業，卻必須用現金支付，因此，愛迪生得不斷的向銀行借錢，財務上的負擔非常重。更何況公司日常業務瑣事又多，常常使他無法專心於研究工作。所以他把自己屬下的工廠公司，改組合併，將很多日常雜務交給了專業經理，並且在紐澤西的歐倫鎮，建立了一個新的研究中心。＊

　　這座研究中心，蓋在距離愛迪生住家半哩路的地方，比曼羅公園

大十倍，是當時全世界最大的私人研究實驗室。愛迪生開始用分層負責的管理模式，每個部門都有不同的任務。每天早上，愛迪生和各部門的負責人開會，討論各種問題。他對事情的反應之快，常令人吃驚。愛迪生的發明成果，使很多公司注意到研究發展的重要性，開始效法他的做法，成立自己的研發部門。世界聞名的貝爾研究中心，就是那時成立的。

　　研究中心落成後，愛迪生像小孩一般興奮，在新蓋好的研究大樓跑上跑下，招待朋友參觀，他告訴來訪的人:「這裡有六萬平方呎，存有各式各樣的化學品、電器零件、金屬和礦物。圖書館有一萬冊藏

放大鏡

※在這段時期，股東們也逐漸加強對愛迪生公司的控制，把他的股權淡化。經過幾年的談判，與其他公司合併，建立了「愛迪生通用電器公司」，三年後，又把他的名字拿掉，改名為「通用電器公司」──這就是現在全世界最大的公司的歷史。

書。我從小就想擁有一個應有盡有的實驗室。小時候，只能在家中的地下室做實驗；少年時，我在火車上設立了一個；後來，有了曼羅公園的工作室，方便多了。現在，我可以實現我的夢想了。」

「愛迪生先生，你有那麼多工廠，一定要花很多時間經營。聽說你聘請了五、六十位很有名氣的科學家到這裡來工作，是不是你自己不再直接做研究工作，要花時間在管理公司的事務呢？」有一位記者問他。

「當然不是。只要我活著，絕不會放棄研究發明的工作。我的人生目的就是要應用科學知識，發明對人們生活有用的東西。」

愛迪生沒有想到，搬入新的研究中心後，第一件大的研究專案就是他的最愛。

這一天，在愛迪生的新辦公室裡，季禮藍帶給愛迪生一個新消

息。

「貝爾要和我合作改良留聲機?」愛迪生站了起來,滿臉驚奇。

「是的,他們已經開始做了,據說還挺有心得。但是,他們希望能和你合作。你是最了解留聲機的人了。」愛迪生的朋友季禮藍說。

「看來,這些年來,我忙著發明別的東西,忽視了我的『小寶寶』。」他看著窗外,自言自語的說。愛迪生曾說留聲機是他的小寶寶,他要看它長大成人。現在,貝爾要來「收養」它,他覺得自己簡直沒有盡到做「父親」的責任。

「不行,我要自己改良這小傢伙,讓他變成健壯的大漢。」他轉過頭,對季禮藍說。

「小寶寶」的缺點,愛迪生知道得很清楚。他列了一張表,立刻開始工作。

愛迪生先將留聲機從手搖式,改成電動式,又改進了唱針、音

槽，一連串的試驗、改良，一遍又一遍……。＊

　　1888 年的 5 月 31 日，他正咬著「小寶寶」的大喇叭＊，一手拿著筆在做紀錄。「愛迪生先生，你的管家打電話來，請你馬上回家去一趟。」一位工作人員突然打斷他的研究。

　　「問他有什麼重要的事，我正在忙。」愛迪生頭也沒抬的說。

　　「他說，『寶寶』快出生了。」

　　「喔，我馬上回去。」他匆匆的趕回家去。

　　這個把愛迪生從實驗室喚回家的「寶寶」是愛迪生和明娜的第一個女兒。新「寶寶」的魅力，也只能使愛迪生短暫的離開他的留聲機

放大鏡

＊根據實驗室的紀錄，他曾三天關在實驗室裡，不眠不休的工作。有一張照片，愛迪生趴在桌上，看來有好幾天沒刮鬍子，滿頭亂髮，還有幾縷垂過眉毛，一隻手撐著下巴，很像拿破崙將軍的一幅畫像。這張相片非常傳神，後來被用來做宣傳海報。
＊因為愛迪生的聽力不行了，使用牙齒來感覺聲音的振動。

「小寶寶」，過沒兩天，他又開始沒日沒夜的工作了。

終於在兩個星期後，改良過的「小寶寶」也誕生了。在華府的經銷商，哥倫比亞留聲機公司（現在的電視臺 CBS），正式開始銷售複製音樂唱片，大大增加了留聲機的娛樂用途。有一種投幣式的留聲機很受歡迎，在很多餐館和公眾聚會的地方，都可以見到這種機器。

改良留聲機的副產品 —— 唱片、商用錄話機的銷路也非常好。當時，愛迪生的唱片是筒狀，不是平板式的，因為筒狀的音效比較好。漸漸的，平板式的唱片慢慢開始流行，因為它容易製造，價錢便宜，運輸又方便。後來，當愛迪生研究有聲電影的時候，又發明了膠質唱片，使音響效果更好。雖然，「小寶寶」受到熱烈歡迎，但是，它卻給愛迪生帶來很多麻煩，還深深的傷了他的心。

※　　　　　　　　※　　　　　　　　　※

　　「為什麼？什麼事讓他傷心？」
小莉又著急了。

　　「這件事給他的打擊很大。一
直到和亨利‧福特交朋友後，才慢
慢恢復。」

　　「爸，亨利‧福特是不是發明
福特汽車的人？」小銘問。

　　「對，就是他。這段故事長
了，我先說愛迪生被朋友背叛的
事。」

15

朋友的背叛

季禮藍事件

「愛迪生先生，我真抱歉把這種消息告訴你。我想了又想，還是覺得你必須知道事情真相。」坐在愛迪生對面的利普科特先生小聲的說。愛迪生垂著頭，呆呆的看著桌上放的那份利普科特和季禮藍簽的合約，他不能相信自己的耳朵，但是他非相信自己的眼睛不可。那份合約上清清楚楚寫著，利普科特不但付給季禮藍和愛迪生的律師湯木陵二十五萬元佣金，還把獨家代理權，給了他們兩人的合夥公司，還附加了許多的利益。

因為利普科特要買愛迪生的新款留聲機，愛迪生授權季禮藍去協商，季禮藍告訴愛迪生，他盡了最大的努力，只能賣五十萬，愛迪生

相當失望，但是他想，既然季禮藍已經盡了最大的努力，也就接受了。季禮藍又告訴愛迪生，利普科特答應付他百分之十的佣金，也就是五萬元，愛迪生當然沒有意見，因為他很習慣與工作人員分享利益，他認為對工作有貢獻的人，分享利益是很合理的事，所以和愛迪生一起打拚的工作夥伴，很多人都成了百萬富翁。

　　簽約第二天，季禮藍和湯木陵就出發到歐洲去推展市場。臨出發前，還向愛迪生索取了七千元的旅費。愛迪生怎麼也沒想到季禮藍會瞞著他，私下和利普科特簽了另外一份獨家代理的合約。二十五萬元是專利權賣價的一半，這樣高出一般很多倍的佣金是從來沒有過的。很明顯的，季禮藍為了自己多拿佣金，賤賣了愛迪生的專利。而且還是用愛迪生的錢「逃離」美國！季禮藍是他信任的好朋友，是他和明

娜的媒人，季禮藍太太更是明娜的好朋友，和明娜的家人都很熟。季禮藍為什麼要欺騙他？怎麼可以欺騙他？怎麼可以背叛他的信任？難道這些年來的友情全是假的？難道自己是呆瓜？是瞎子？愛迪生怎麼也想不通。

愛迪生天性開朗，容易信任人，這並不是他第一次被人出賣。多年前，他曾用過一個律師，申請幾個有關電報方面的專利。後來發現這位律師把愛迪生申請的東西，賤價賣給了別人，使愛迪生損失了不少錢。愛迪生沒有到法庭上告他，是因為得知他太太生了大病，需要支付一大筆醫藥費，才做出這種事來。但是，季禮藍的情形不一樣。愛迪生覺得自己的心被季禮藍狠狠的捅了幾刀。他抬起頭，好像想說什麼，卻沒有開口。利普科特不忍看他受傷的眼神，站起身來，戴上帽子，默默的離開愛迪生的辦

公室。

更糟糕的是，根據合約，愛迪生只負責生產機器，其他一切業務都由利普科特管理。後來證明，利普科特並不是個能幹的生意人，做了不少錯誤的決定，因此，生意愈做愈差，愛迪生按合約運給他的貨物，他都沒錢支付，欠了愛迪生一大筆錢，眼看公司就要倒閉，就在這時，利普科特中風癱瘓，愛迪生是他的最大債權人，只好接管公司，收拾殘局。

暢遊歐洲

季禮藍的背叛使愛迪生不再相信任何朋友，他心裡非常不快樂。他記得當年發明留聲機的時候，大夥圍著它又唱又笑的情景，多麼高興！沒想到改良它以後，卻這麼難過。他的心情真是壞透了。正好巴黎博覽會要開幕，明娜勸他去看看展覽會中的新鮮事，順道遊歷歐

洲，舒展心情，他也想拋開這些不愉快的事，就答應和明娜出遊。

博覽會的會場是用愛迪生的電燈系統照明，愛迪生公司的人員，還用彩色的燈泡，做出美國和法國兩國的國旗。而博覽會中最吸引人的專案，正是愛迪生的新款留聲機，參觀的人大排長龍。愛迪生在巴黎停留了十天，受到盛大歡迎，不停的參加各種宴會，不論他走到哪裡，都有很多人吶喊歡迎。最高興的是明娜，她平日獨自在家，非常寂寞，到了歐洲，每天有人陪著，又分享了丈夫的榮譽，真是興奮極了。離開巴黎，一行人前往柏林遊覽了幾天，接著又去參加在海德堡舉行的科學研討會，最後從倫敦上船回到紐約。歐洲人民對他非常崇拜，他在歐洲的聲譽達到頂點。

在歐洲遊歷了兩個月，愛迪生的身心得到充分的休息，回程中，

碰上大風浪，大部分人都暈船，吐得死去活來，只有他一個人，含著煙斗，坐在酒吧，有人走過，他就對著來人吐一口煙，把人薰跑，自己高興得大笑。到了紐約，船一靠岸，他急得連家也不回，立刻跳上另一條船，直接趕到研究室，他很想去玩他的「玩具」。

※　　　　　　　※　　　　　　　※

「這一個玩具是什麼？」小銘很有興趣。

「是我們一家都喜歡的東西──電影。」爸爸笑道。

16

電　影

　　愛迪生在歐洲的時候，白卻拉和迪克森按照他的指示，在院子裡蓋了一個形狀奇怪的屋子，愛迪生一到，他倆就急忙把他拉進去，室內黑漆漆的，迪克森跑到後面，開始發動一臺古怪的機器，這時，前面牆上出現了亮光，模模糊糊的看得出來是戴著帽子的迪克森，他先脫下帽子，又鞠了個躬，白卻拉打開了連在那臺古怪機器旁邊的留聲機，配合著迪克森的動作，發出聲音：「早安，愛迪生先生，歡迎你回來。你覺得這個『快速活動影像機』怎麼樣？」

　　「早安，『小夥子』。」，愛迪生也照樣鞠了個躬。三個人都笑了起來。

　　原來，愛迪生離開美國前，一直在研究「快速活動影像機」（也

就是後來的電影放映機），他認為如果聲音可以被記錄下來，那麼動作應該也可以，所以他用快速照相，把一連串的照片放在一起，再快速轉動，使人產生錯覺，以為照片上的東西在動。他腦海中已經有了基本的概念，試驗的工作，就交給研究室中最愛玩照相機的迪克森去做。

「快速活動影像機」的一項缺點，是底片品質不好，而且，底片是一片一片的，不是一卷一卷的。底片推進的速度與快門不能配合，使得畫面跳動不清。就在這時候，喬治‧意斯門改良了底片（就是現在「柯達」底片的開山始祖），使它又輕又軟。愛迪生知道後，立刻和他連絡，意斯門按照愛迪生的指示，特別做了一卷長達五十呎的膠卷，在膠卷兩邊各打上一長排的小洞。愛迪生把齒輪裝在相機內放底片的地方，用齒輪來控制推動膠卷

前進的速度，使畫面穩定。後來，膠卷也放寬成三十五釐米。照相機和電影放映機裝底片的地方有齒輪、膠卷是三十五釐米寬的規格，就是從這時候開始的。

本來，他把這個「快速活動影像機」當成玩具，並沒有打算把它發展成一種商品。漸漸的，越做越好玩，他決定要試一試這臺新的機器。有一天，他穿了一件實驗室裡的白色外套，站在試驗臺前，把臺子上的瓶瓶罐罐倒過來，倒過去，好像忙著在做試驗，又叫許多人輪流過來，做出問他問題的樣子，他像連珠炮似的回答，得到答案的人，就匆匆跑走。迪克森用「快速活動影像機」把這個過程拍下來，放進一個箱子，箱子上有一個小孔（就是銀幕），可以把底片放大，轉動連著這一卷膠卷的把手，就可以看到這些「表演」。一夥人看完後，全都笑得七倒八歪。當然，笑

得最大聲的是「導演」本人。

1893 年的 2 月，工人們開始在實驗室後面蓋起一棟奇奇怪怪的房子。這棟橢圓形的房子，有五十呎長，外表黏著黑色瀝青油布，不但可以旋轉，屋頂還能打開，房內黑漆漆的，前端有一個舞臺。有人問愛迪生這是什麼玩意兒，他神祕的笑笑，說：「那是『黑色瑪麗亞』。」這就是世界上第一座攝影棚，拍攝出來的活動影像，就稱為電影。

「黑色瑪麗亞」很快變成一個最熱鬧的地方。喜歡上臺表演的人全擠來了，唱歌的、跳舞的、帶著貓狗來表演的、說相聲的，多得不得了。這時候，大家才知道，因為房子可以隨太陽轉動，屋頂打開，就能把陽光引進來，加上黑色的背景，可以使畫面特別清楚。剛開始，迪克森拍下一些愛迪生實驗室的工作情況，這種記錄片式的短片，能把許多「百聞不如一見」的

事件展示出來。後來，又試著用它來說故事。他們編了幾個短短的故事，雖然故事簡單，「演員」演技生硬，大家卻對這種說故事的影像更有興趣，這就是現代劇情片的起源。愛迪生絕沒想到，他的「玩具」會發展成如此龐大的一項事業。

看到大家對它的興趣，使他想起當年留聲機造成的轟動，可是華爾街的投資人，對這種「玩具」沒興趣。1894年，有兩位從西部來的暴發戶願意投資，正式成立愛迪生電影公司。他們向愛迪生買下很多放電影的箱子，又在各地租房間，把箱子放進去，要看的人必須買票。這就是最原始的電影院。

雖然當時的電影品質很粗糙、很糟，但是「電影院」的生意卻好得不得了。這個「玩具」替愛迪生賺了不少錢。一看到賺錢，很多人就開始動腦筋了，想把銀幕放大，

讓大家可以看得更清楚。此時，愛迪生正好忙著輾礦機的事，沒有很多時間花在這件「玩具」上，就和湯姆士・亞邁合作，用了亞邁的投影機，把影像放大，投射在牆上，這就成為可供大眾觀賞的電影了。

在一個 4 月天，天色陰沉沉的，紐約市百老匯附近的街道卻擠滿了人。一輛馬車在音樂廳前停了下來，走下一位穿著整齊的紳士，還有一位盛裝的女士，而迎面走來兩位打扮時髦的小姐。

「午安，卡洛倫，愛麗絲，真高興遇見妳們。來看電影嗎？爸爸媽媽怎麼沒來？」

「是的，瓦特太太，瓦特先生，你們好。媽媽有點咳嗽，在家休息，爸爸陪她，所以沒來。好興奮啊！聽說可以在一塊『銀幕』上，看到跳芭蕾舞和變魔術呢！」

「是呀！我的女兒看過箱孔型的活動影像，她說很有趣的，可惜

她到歐洲去了，不然，一定會跟我們一起來的。對了，回家後，替我問候妳們的母親。」

紐約市的名人幾乎全出現了，音樂廳內熱鬧極了。當觀眾看到芭蕾舞孃在銀幕上跳舞的時候，廳內一片歡呼驚嘆的聲音；看見銀幕上的海浪沖向海邊的岩石，坐在前排的瓦特太太嚇得叫出聲來。電影放映完，觀眾不停的鼓掌，場面非常熱烈。

※　　　　　　　※　　　　　　　※

「爸，愛迪生有沒有失敗過呢？」小銘問。

「當然有啦！而且還有一次很慘的失敗經驗。」爸爸說。

17

開採鐵礦

在研究電影的那一段時間，愛迪生的主要研究專案是輾礦機，並不是電影。電影的成功是「無心插柳柳成蔭」，鐵礦事業卻成了「有心栽花花不開」的失敗故事。

這個故事要從 1882 年說起。

「老總，你這次輸慘了，看，我的魚簍都快滿出來啦！」

「我釣的也比老總多，看來，午餐是由老總請客了！」

「這次算你們厲害！我們上岸去吧！肚子還真有點餓了。」愛迪生看了看自己半空的魚簍，笑著說。

愛迪生下了船，站在沙灘上，長長的伸了一個懶腰。最近，他和這夥同事，為發電機傷透了腦筋，今天決定出來釣釣魚，輕鬆一下。

「我們在哪裡呀？你們知道這附近哪兒有餐館嗎？」

「這裡是長島，那邊有餐館，跟我走吧。」

愛迪生跟著往前走，一低頭，看見白白的沙灘上，混著不少黑沙，他的好奇心提高了，就從口袋掏出一小塊磁鐵往下一放，居然吸上不少黑沙，顯然這些黑沙並不是普通的「沙」。一回到工作室，他就馬上進行檢驗，發現這些「黑沙」中含有百分之二十的鐵質。

他想起了那一片長長的海灘。「哇！如果可以把它們提煉出來就太棒了！可是，要如何把黑、白沙分開呢？」他心中想著。

沒有多久，在長島附近的郭格鎮，就出現了一個小小的煉鐵廠。愛迪生設計了一個簡單的機器：上面有個大大的漏斗，漏斗下放有磁鐵，把海灘上的沙倒入漏斗，有鐵成分的黑沙被磁鐵吸住，沒有鐵成分的白沙就另外流出去。第一次試驗的時候，不巧碰上大風暴，沙子

全被海風吹跑了，白忙了一一場。那時，愛迪生正在忙著紐約市的電燈照明，這件事就暫時停頓了。

幾年過後，愛迪生決定做點和電無關的新鮮事，就又開始研究鐵礦。他賣掉手上的通用電氣公司的股票，把這些錢投資在開礦煉鐵上。

他得知從加拿大南部，一直延伸到北卡羅萊納州的阿帕拉契山脈，有二十五哩寬的鐵礦脈，鐵質雖不純，只有百分之二十左右，但存量實在豐富。於是他就在紐澤西州和賓西法尼亞州的邊界，一個名叫歐登堡的小村鎮，開始了他的輾礦研究。*

由於礦石的含鐵質低，所以要

放大鏡

*開礦是大工程，需要很多重型開礦機、輾石機……。愛迪生花了兩年的時間，才把一切設備購買齊全。小鎮附近都是山林，一百四十五個開礦工人也必須從別處搬來，為了解決這些工人的生活與居住問題，愛迪生蓋了五十棟房子當作宿舍，又裝上電燈，引進自來水，還得開一家兼賣烈酒的雜貨店，幾乎是建立了一個新村落。

處理大量的礦石。他們必須先用火藥把山炸開，再用輾石機把大塊礦石磨碎才行。因為火藥很貴，所以只能炸開一些重要的地點，有些炸開後的礦石仍然非常大，而且非常重，甚至可能壓壞輾礦機。

愛迪生的解決辦法是發明了一臺機器，把兩個特大號的圓柱平放在一起，用電力把圓柱高速向相反的方向滾動，把礦石放在兩個大圓柱中間，用圓柱把它們壓成像人頭的尺寸，投到下面一層，再用小一號的圓柱繼續輾壓，變成拳頭的大小，就這樣一步一步的進行，使礦石一次一次的變小，最後成為礦沙，再把礦沙送過四百八十塊磁鐵組成的強大磁場。黏在磁鐵上的礦沙，再進一步提煉，而被淘汰下來的沙子，就當作建築原料賣出。

解決了礦石輾碎的問題，另外一個頭大的問題又出現了，愛迪生很快發現，鐵沙不能直接送入提煉

熔爐，因為它們太輕，會到處亂飛。而且，生產出的礦沙必須運送給買礦沙的煉鐵廠，運輸也是一個問題。愛迪生就把它們先黏成塊狀，再送上火車，運往東岸的煉鐵廠。當然，要尋找適當、防水又便宜的物質把鐵沙黏住，不是簡單的事。經過了無數次的試驗，總算成功了。同時，他又不斷的改良運輸過程，開始用橡膠做輸送帶。＊

可惜，經濟不景氣，使鐵價大跌。一直到 1897 年，全國經濟情況好轉，東岸的鋼鐵廠才開始大量購買鐵沙。可是，礦場的維修相當麻煩，機器維修費時費力，機器一有故障，產量就減少，當然銷量也跟著減少，收入也受影響。不但如此，碰上風雪天，有些機器會被冰住。愛迪生常常因為要修復冰封的機器，不能回家過節過年。＊

不久後，白卻拉指著一份明尼蘇達州的報紙上的消息，對愛迪生

說：「老總，你看看這一個消息。」報上說：明尼蘇達州已發現高品質的鐵礦，洛克菲勒已買下採礦權。這些鐵沙可以用船，或是火車，運往東岸。消息一傳開來，鐵價猛跌。愛迪生別無選擇，只好結束礦場。為了這個「歐登寶寶」，愛迪生花了兩百多萬元，使他的財產大大縮水。有人告訴他，如果當初他沒賣手中的通用電氣公司股票去投資鐵礦，他的股票價值已經超過四百萬元了。他哈哈大笑的說「但是，我花這筆錢的過程，可是非常刺激的啊！」

放大鏡

＊現在工廠、機場用的輸送帶，就是由此延伸來的。亨利‧福特製造汽車的時候，就是看過介紹這個礦場的文章，而採用愛迪生的方式建造生產線式的工廠。

＊愛迪生在礦場的時候，和礦工一起吃飯，睡同樣的宿舍。有一次，上面的工人不知道他和工頭華德‧馬妻在下面修理一臺烘乾機，倒下一大堆鐵沙，把兩人埋進去了。旁邊的工人大叫：「停止，停止，老總在下面。」大家急忙過去，奮力挖掘，才挖出從頭到腳全沾滿了鐵沙的兩人。全身黑乎乎的愛迪生，學舞臺演員謝幕的樣子，很誇張的對四周的工人鞠了一個躬，引起一陣大笑。

　　為了鐵礦，愛迪生花了一大筆錢和無數的心血，又沒有成功。可是，愛迪生很喜歡這項研究，他說鐵礦是他的「歐登寶寶」。「歐登寶寶」雖然沒有長大，但它留下了一個紀念品給愛迪生。

　　愛迪生的鐵礦「歐登寶寶」結束後，留下很多輾石的機器，很難處理。他想最好的辦法是用在水泥廠裡，於是成立了愛迪生水泥廠。這個水泥廠的產量，已經是普通廠的五倍，他又把水泥爐加大加寬，把水泥磨得更細，使品質更好。在五年內，產量又比原來增加了一倍以上。

　　當時的廠房都是木頭建造，保險公司覺得風險大，時常拒絕接受投保，否則就收很高的保險費。愛迪生解決的辦法是「求人不如求己」，他用鋼筋水泥，先做成大小厚薄不同的水泥牆，再把這些「牆」按藍圖組裝起來，成為廠

房。不但降低火災發生的機率，保險費也便宜許多。

不久，他更進一步試著製造住家用的房屋，就是用鐵板做成牆的模型，再把水泥灌進兩片鐵板中間，等幾天後，水泥乾了，把鐵板拆掉，房子就蓋好了。這種房屋需要的人工很少，相對價錢便宜。

那個年代，把各種原料混合在一起的設備和技術都很粗糙，原料混合不容易均勻，重的東西會往下沉（混凝土是由砂、石、水泥、水混合而成），因此有一大堆人說這個主意行不通。這可難不倒愛迪生，他發明了一種特別的黏劑，放進混凝土，就解決了這個問題。可惜當時沒有人對這有興趣。愛迪生也就沒將這個想法再繼續發展下去。幾十年後，美國面臨房屋短缺的問題，建築業又重新利用愛迪生的想法，製造這種房屋。

※　　　　　　　　　※　　　　　　　　　※

「爸，愛迪生有沒有發明過武器?」小銘問。

「問得好!他替美國發明了一些防禦性的東西，同時也推薦美國政府設立了一所軍事科學研究中心。對了，還有蓄電池，他花了十年的時間研究它。」爸爸嘉許的點點頭。

18 戰爭與發明

第一次世界大戰爆發，有許多東西不能再從歐洲進口，其中有一些化學藥品，像酚、苯、苯胺等等，是製造唱片必須用的，愛迪生有大量的需要，他就決定自己開化工廠製造。沒想到這項生意居然非常賺錢，因為他出產的化學品，不但工業上需要，有一部分還是製作炸彈的原料。當時，愛迪生手下的員工高達六千多人。

1916 年底，海軍部長丹尼爾打電話向愛迪生求救，要求愛迪生全力進行有關國防的研究。

為此，他發明了水底偵測魚雷的聲納儀器、人造煙霧（使商船不容易被德軍發現）、水中暗藏燈、軍艦急速回轉裝置（躲避魚雷）。同時，通用電器公司的研究所內，也有一批科學家，在威廉‧惠特博

士的領導下，發明出比愛迪生的設計更有效的潛水艇監聽的裝備，使愛迪生大為佩服＊。在這期間，愛迪生做實驗的時候，不小心傷了眼睛，差點瞎了。

同時威爾森總統成立國家科學委員會，邀請愛迪生擔任會長，由愛迪生出面，邀請了許多科學家參加。因此，海軍部收到許多研究發明的方案，但是，海軍部的人員不知如何與平民組織的委員合作，又完全沒有處理這種方案的經驗或組織，所以，大部分的方案都沒有被審察處理，使愛迪生相當失望。而且，愛迪生想起為了電燈照明，而和紐約市的政客打交道的不愉快經驗，加深他認為研究發明的機構，應該由民間管理的觀念，因此他全

放大鏡
＊第一次世界大戰時，德國潛水艇給歐洲各國很大的威脅，威廉·惠特博士和弗理斯博士發明的「潛水艇監聽器」，對美國盟邦國幫助極大。

力推薦設立一所民間組織的軍事科學研究所，專門研究國防武器，但是來自軍政界的壓力太大，第一所軍事研究中心還是直屬海軍部。在二次大戰前，這個機構是美國唯一的國防研究中心，對美國國防武器有很大的貢獻。

　　後來，海軍部長丹尼爾特別邀請愛迪生擔任海軍特別顧問，並要求國會表揚愛迪生的貢獻。愛迪生卻婉拒國會頒發的榮譽獎章，因為他覺得獎章應該頒發給在國防武器上貢獻最大的科學家，而他自己在這一方面的發明，比不上那些科學家。

　　在這段時間裡，愛迪生最重要的發明是蓄電池。他對電池一點也不陌生，他小的時候，就曾用電池傳送過電報。這種電池是利用化學反應產生電，最大的缺點是使用時間短，需要經常補充化學藥品。

　　1859 年，一位法國人普朗提，

發明了第一個蓄電池，利用鉛做電極板，用硫酸為溶液，經過化學變化產生電。雖然它又重又大，而且容易腐蝕，但是，仍然受到科學家的熱烈歡迎。愛迪生決定要發明一個又輕又小，電力強大且經濟實用的電池。

他決定用鹼性溶液，因為鹼的腐蝕性小。那麼該用哪種金屬做電極板呢？

首先，他實驗了幾百種不同程度的氧化銅，和不同濃度的鹼溶液混合；後來又用鐵、鈷、鎘、鎂、鎳等金屬和其他不同的合金。每一樣金屬，都得經過千百次的化學實驗。

愛迪生經過一年半的實驗，仍然毫無頭緒。他當然不會被這些失敗打倒，有人問他實驗進展如何，他總是微笑著說：「進行得不錯，我知道有哪些東西不能用。」他堅信：「失敗為成功之母。」*

　　經過幾年的努力，愛迪生發現鎳和石墨的混合物可以產生最理想的電流。這種蓄電池的電力是舊式鉛製電池的二百三十三倍，卻只有舊式電池的一半重量。

　　1904 年的夏天，第一批蓄電池開始生產。最初供不應求，不久，問題出現了——電池會漏，電力不穩定……，雖然有這些毛病，還是有些顧客仍然希望繼續用這種電池，愛迪生卻決定全面停止生產，並退錢給顧客。這個決定不但沒面子，代價更是非常昂貴，因為他為這項研究所籌集的五十萬元，已經花完了，以後的研究費用，他必須

放大鏡

※這時，他已經六十歲了，努力工作的態度，幾十年來，毫無改變。最大的改變，是他手下工作的人員增多了，教育程度和專業知識的水準也提高了很多。有不少在學術上有地位的物理、化學專家，在他的研究室工作。他可以指揮一個有組織的研究小組。研究室的人員上下班都必須打卡，愛迪生也不例外。從卡片紀錄上看出，他一個星期工作一百六十多個小時是很平常的事。不過，打盹的次數比年輕時多了，他常枕著《化學大辭典》睡在桌上。大家笑道：「老總在睡眠中，還吸取知識。」

獨立負擔。幸而，電影「火車大劫匪」替他賺了不少錢，多少貼補了一些*。

接下來的日子，更是無休無止的研究、實驗、再研究、再實驗……。1905年冬天，愛迪生耳後的乳突骨發炎，必須動手術割除。本來聽力已經不好，手術過後，他幾乎全聾。所有的人勸他到佛羅里達州休養一陣子，放個寒假，但他堅持回到研究室工作。

以後的幾年，愛迪生每天都和化學藥品做伴，他把鎳和銅電鍍在金屬棒上，再用化學藥水把銅的成分洗掉，只留下一層極薄的鎳，每根棒上都要有六百三十層這種極薄的鎳，也就是說，這樣的過程，一共要做六百三十遍。這種處理增強了鎳的導電性，取代了石墨的功

放大鏡 ＊愛迪生發明東西的目的，不是為錢。他說過很多次，他對「錢」本身沒興趣。賺錢，只是為了用它來發明其他東西。

用，因此，也減輕了蓄電池的重量。終於，他發現加入少量的氫氧化鋰，可以提高並穩定電力。

1910 年，愛迪生開始大量生產這種改良後的 A 型蓄電池，第一年的營業額就超過一百萬元，供不應求。這種鹼性蓄電池可以耐震，不但小型車輛用它，鐵路信號燈用它，礦工的頭盔用它，潛水艇用它，第一次世界大戰時，戰場上的通訊器材也用它。只要適時補充溶液，一個蓄電池至少可以用上四年，因此，被工業界廣泛利用。十年艱苦的奮鬥，愛迪生憑著無比的信心、驚人的毅力去承擔財務上的壓力，愛迪生再一次獲得成功。

※　　　　　　　※　　　　　　　※

「這種鹼性電池現在還有使用嗎？」小銘問爸爸。

「這支手電筒裡的電池，就是鹼性電池。它就是根據愛迪生的發

明改良而成的。」

「真了不得！他十年辛苦的工作，帶給我們好多方便。」小銘深深佩服。

「造福人群是最有意義的。靈感加上努力使他能不斷的創造『奇蹟』。」媽媽做了結論。

「爸，愛迪生有沒有得到諾貝爾獎?」

「沒有。小莉，愛迪生常說：『我不是科學家，我的人生目的是發明對人們生活有用的東西。』得不得獎並不重要，重要的是他改善了人們的生活。醫療用的螢光鏡也是他發明的，為了推廣使用，幫助醫生治病，他就放棄申請專利，這種心胸非常了不起。」

「爸，你還沒說愛迪生怎麼認識亨利・福特的。」

「好，現在就說給你們聽。」

19 可貴的友情

20世紀初期，美國工業發展迅速，人口分布也在逐漸分散，火車運輸已逐漸不能滿足大眾的需求，因此有人開始研究汽車，其中一位就是亨利‧福特。年輕的福特，是愛迪生照明公司的電氣工程師。

1896年，在一次公司集會上，一位朋友對愛迪生說：「我們廠裡有個年輕的工程師，名叫亨利‧福特，挺有創造力，他造了一輛汽油引擎的汽車，你願不願意和他談談?」

「哦，很有創造力的年輕人？當然願意呀！」

福特一直很崇拜愛迪生，他幾乎不敢相信，居然可以坐在自己偶像旁邊，討論自己有興趣的汽車。愛迪生很用心的聽著，問了一大堆的問題以後，滿意的點了點頭，告訴福特：「小夥子，你有一套。放手

去幹吧！」

聽了愛迪生的鼓勵，福特的臉都興奮得紅了。那時候，他受到很多同行的批評，幾乎想放棄自己的方向。毫無疑問的，受到世界最偉大的發明家的認同，給了他無限的勇氣。不久，他找到投資人，便辭職開汽車工廠了。幾年後，他發明了一臺一加侖汽油可以跑二十哩、只賣六百元、非常經濟實用的汽車。福特一直認為，愛迪生的鼓勵，是他人生的轉捩點。

愛迪生和亨利·福特，兩人都是密西根州的鄉下小孩，背景相似，又有共同的嗜好，可是兩人的性格卻完全不一樣。福特重感情、主觀，講話慢條斯理的，經營企業有條不紊；愛迪生則實際、客觀、快言快語，企業管理卻不如福特。愛迪生很佩服福特的商業管理才幹。福特曾經被控告壟斷汽車工業，官司打得轟轟烈烈，勝負難

料。愛迪生一再的鼓勵他。幾年後，福特勝利了。他對愛迪生給他的鼓勵，時時刻刻記在心裡。

三年後，福特終於有機會報答愛迪生了。1914年底，一個冬天的晚上，才過五點，天就黑了。六十七歲的愛迪生忙了一天，有些累了，最近，他開始覺得體力比不上從前，回家的時間比以前提早了。快六點的時候，電話鈴響了：「喂，這裡是愛迪生公館，什麼？我馬上告訴他。」管家急急的一面走，一面叫著：「愛迪生先生，不好了，西歐倫發生大火了」

在西歐倫研究室的院落中，一棟木製房屋不知為何起火，火勢很快蔓延到別的建築。雖然有些建築物是愛迪生的「水泥屋」，應該是防火的，可是，附近水壓不夠，而且屋內有太多的化學品，火勢一發不可收拾。附近八個鄉鎮的救火隊都出動了。

　　愛迪生的兒子查理士看著廠房在火苗中倒塌，真是又急又怕，心想，父親投資了那麼多心血在這裡，一定難過死了。過了半天，才看到愛迪生慢吞吞的走來，兩手抱在胸前，靜靜的看著那片火海。青的、黃的、紅的、藍的，各色的煙火在夜色中閃動，火苗經過的地方，無數的研究紀錄、報告，無數昂貴的儀器，都化為灰燼。更要命的是，因為「水泥屋」防火性強，所以，愛迪生只保了很低的火險。

　　過了好一會兒，愛迪生轉過頭來，對兒子說：「你媽在哪裡？趕快把她找來，叫她把她那夥朋友也找來，我打賭她們沒看過這麼大的火災。」

　　愛迪生一整夜都忙著指揮整理善後工作，無數的居民到場幫忙，黎明時刻，終於把火撲滅了。幸而，圖書館和主要實驗室沒有被燒毀。身上沾滿了灰塵，白髮被汗水

黏在額頭，愛迪生雖然疲憊，精神卻還很好。他向周圍的人們道謝，說:「我今年六十七歲，重新開始還來得及。我經過不少大風大浪，深深相信，災難可以使人堅強。」第二天，愛迪生親自指揮一千五百人清理火場，又忙著向銀行貸款、租廠房、設置機器……，三個星期後，也就是剛過完耶誕節，大部分的生產線已經開工， 1915 年的元旦後，全部工廠都恢復兩班作業。他並沒有抱怨天，責罵人，只是埋頭苦幹。短短的一個月，就從廢墟中站了起來。

　　愛迪生的工廠發生大火，損失慘重。福特聽到消息，立刻趕到西歐倫，非常慷慨的借給愛迪生七十五萬元，幫助他早日復工，而且堅持不肯收利息。

　　　　※　　　　　　　※　　　　　　　※

　　「猜猜看那時候的七十五萬等

於「現在多少錢？」媽媽問小銘。小銘搖搖頭。

「用購買力來算，等於一千五百萬美金。」爸爸說。

「哇！這麼多錢啊！」小銘直伸舌頭，惹得媽媽也笑了。

「我們中國人說，『朋友有通財之義』，也就是說朋友有急難的時候，要互相幫忙。福特是做到了。」爸爸接著說：「被季禮藍事件狠狠打擊後的愛迪生，一直到和福特相交，才慢慢撫平心裡的傷痕，漸漸的恢復對友情的信心。」

「所以，你們一定不能學季禮藍，做出傷害朋友的事。」媽媽馬上機會教育一番。

「知道了。我們不會的。」小銘和小莉異口同聲的說。

「愛迪生什麼時候退休的？」小銘問。

「他沒有退休。去世前，還在研究橡膠。」爸爸回答。

20 巨人長眠

　　「愛迪生協會」是由一群當初和愛迪生一起打拚的夥伴組成的，每年都在他生日那天聚會。1929 年是電燈發明五十週年，所以他們打算在 10 月 21 日聚在一起慶祝一下。通用電器公司知道後，認為這是一個做公共關係的大好機會，於是準備大肆鋪張，好好的宣傳。

　　起初，愛迪生並不知道通用電器的企圖，後來得知通用電器是變相的利用他做廣告，他非常生氣，和亨利‧福特談起這件事。福特不願意自己的偶像被人利用，為愛迪生打抱不平，就發誓要阻撓通用電器的計畫。

　　正好，福特博物館快完工了，福特的妙招是，利用這個博物館開幕典禮的機會，「綁架」愛迪生。幾天後，福特出現在西歐倫研究

所，把這個主意告訴愛迪生。愛迪生一聽，大聲叫好，十分願意被「綁」。消息很快傳到通用電器公司，他們大為緊張，立刻跑來求愛迪生。愛迪生和福特都是意志堅決的人，幾經協商，通用電器只好同意慶祝大會和福特博物館的開幕典禮同時舉行。

福特準備了一份禮物給愛迪生。早在幾年前，他就四處搜集關於曼羅公園工作室的一切資料，他要把這個電燈、留聲機、電話……的誕生地，永遠保留給後代。福特做事力求完美，不但布置得維妙維肖，連樓梯上踩出的凹痕都沒有忽略，甚至連當年在工作室附近的宿舍都包括了進去。所有建築用的木材，都是從紐澤西州運過去的。

10月19日那天，愛迪生到了密西根州準備參加盛會。八十二歲的愛迪生，因為兩個月前得了肺炎，才剛剛康復不久，所以看起來有點

虛弱。當他走進福特蓋的「曼羅公園工作室」的時候，他好像掉進了時光隧道，當年用的舊燈泡、電報機、股票印表機、長腰瑪麗安等等，許許多多當年的儀器工具，全都在裡面，他摸摸這樣，看看那樣，臉上一下子露出微笑，一下子表情嚴肅，太多的往事，一幕一幕出現在眼前……

最令愛迪生驚訝的是，還有一節「廣幹鐵路公司」的車廂，布置成當年活動實驗室的樣子。滿頭銀髮的愛迪生，雖然身體虛弱，心裡卻高興極了。他回過頭笑嘻嘻的對福特說：「真難為你了，正確度高達百分之九十九點五。」

「哦？那，百分之零點五的錯誤是什麼呢？」

「太乾淨了！我們從來沒有這麼乾淨過。」

旁觀的人哄堂大笑。

即使身體虛弱，愛迪生的興致

依舊高昂。10月21日，胡佛總統夫婦、居禮夫人和許多政治、工商及財經界的名人，都趕來參加慶祝典禮。一行人必須在底特律換乘舊式的小火車到大會場。愛迪生夫婦與福特夫婦就在此與貴賓們會合，一同搭乘小火車到慶祝會場。車廂中的服務員拿著一籃水果，招待貴賓。走到愛迪生面前時，愛迪生站了起來，接過服務員手中的籃子：「蘋果，三明治，報紙……」就像七十年前一樣，一面走，一面叫賣著。

「給我一個蘋果吧！」胡佛總統笑著說，從口袋裡掏出一個銅板。

當天下午，愛迪生在二樓的工作室，向貴賓們敘述五十年前，他是如何的和白卻拉、庫塞、歐普頓這些人圍在一起，盯著那盞電燈的情形。唯一的遺憾是當年的夥伴都過世了，無法一起重溫舊夢。當他再度點亮那盞五十年前的原始的白

熱燈時，全場一片歡呼，千千萬萬的人守在收音機旁，聽記者做現場轉播。

這一天，愛迪生可真是累壞了，晚宴上，胡佛總統和許多各界代表，大力讚揚愛迪生對人類的貢獻，愛迪生卻一個字也沒聽到。他只短短的說了幾句道謝的話，就倒了下去。大家立刻把他送到隔壁房間，胡佛總統的隨行醫生替他檢查後，就把他送到福特家休養。

沒過兩天，他就不耐煩了，堅持要回自己的研究室工作。報紙大幅報導，慰問信件從世界各地寄來，大家都非常關心他的健康。

經過這一次事件，他才勉強答應，讓醫生做詳細的身體檢查。結果發現他有不少毛病，糖尿病、腎臟不好、腸胃病……，醫生不敢相信，他還能在這種健康情況下工作？但是，大家一致認為，工作是他生活的支柱，不能把支柱撤走，

必須讓他繼續工作。

愛迪生最後的一大項研究是橡膠。自從 1910 年以後，腳踏車和汽車大量生產，它們的車胎都是用天然橡膠做的。當時，世界上的橡膠有百分之七十是供美國消費的，但美國本土不生產天然橡膠，全部靠進口。

英國在亞洲的殖民地是橡膠最大的生產地，因此，英國幾乎控制了橡膠的價格。 1925 年時，英國提高了橡膠價格，這對美國工業影響很大。於是，從 1927 年開始，哈威・費爾・史東（火石輪胎的創始人）和亨利・福特就資助愛迪生做這方面的研究，希望找出新產品代替橡膠，不必再受英國控制。

後來，愛迪生引進各種不同的橡膠樹，種在他佛州的別墅四周。從這些不同品種的植物中提煉橡膠，發現一種叫「金柱」的效果最好。可惜的是，還沒看到結果，他

就病重了。

1931 年的 8 月，他的健康情形惡化，醫生不得不阻止他外出，但是他仍然在家裡工作，並不時的和西歐倫的同仁連絡，還和醫生討論病情。不久，他發現自己不能再回去工作以後，就像失去活下去的力量，再也提不起精神來了。

愛迪生病情一天天加重，9 月中旬，福特趕來看他，那天，愛迪生非常高興，提起精神，問了福特好些問題。從那天以後，他睡眠的時間就一天比一天多了。醒著的時候，他愛坐在落地窗前，看看外面金黃橙紅的楓葉。

去世的前一天，明娜問他是不是很不舒服，他搖搖頭，輕聲告訴明娜：「我在等待。那邊好漂亮啊！」明娜問他：「哪邊？」他閉上眼睛，微微一笑，沒有回答。

第二天，10 月 18 日清晨三點二十四分，一代奇才就靜靜的在家人

圍繞下去世了。消息立刻傳遍全世界，很多是經由他發明的產品──電報、電話而傳布的。愛迪生的遺體停放在西歐倫研究室兩天，供成千上萬的民眾瞻仰。 10月 21 日舉行告別儀式，當天晚上十點鐘，美國全國熄燈一分鐘，包括勝利女神高舉的自由之光在內，向愛迪生致上最後的敬意。

　　　※　　　　　　　※　　　　　　　※

　　「愛迪生的一生真是轟轟烈烈。」小銘由衷的敬佩。

　　「爸，我也想做愛迪生。」小莉對爸爸說。

　　「很有志氣呀，小莉，妳先說說，要效法他哪一點？」爸爸微笑著。

　　「我要像他一樣，努力讀書，認真工作。」

　　「小銘呢？你也說說你的感想。」媽媽說。

「我要學他樂觀進取的精神，百折不撓的毅力。」小銘回答。

「嗯，不錯，不錯。兩個人都有收穫。」媽媽笑著說。

「愛迪生不僅發明了許多東西直接影響了我們的生活，他開創了第一所有組織的私人研究中心，使工業界認清研究工作的重要。後來，很多公司都設有研究部門，這些研究的結果，對推動工業進步有深遠的貢獻。」爸爸加了一句。

正在這個時候，電來了。「燈亮了！愛迪生萬歲。」小銘、小莉齊聲歡呼，似乎看見燈光後面，愛迪生正聚精會神的工作。他們知道，這黑夜中的光明，是愛迪生的心血和毅力的結晶。

窗外的風雨，不知何時也變弱了。

1847 年	誕生於美國俄亥俄州的米蘭鎮。
1859 年	開始半工半讀。
1862 年	救了麥肯奇站長的兒子，站長為了報答愛迪生，開始教他收發電報。
1864 年	離家獨立生活，這一年曾在四個不同的城鎮工作。
1869 年	出發前往紐約。
1870 年	在紐華克設廠。
1871 年	與瑪麗‧史蒂威爾結婚。
1876 年	在曼羅公園成立世界第一所私人研究發明工作室。
1877 年	與貝爾展開「電話大戰」。發明留聲機。
1878 年	4 月，在國會議員面前展示留聲機，轟動整個國會山莊。

1879 年　　發明電燈。

1880 年　　1 月，取得電燈專利。5 月，完成第一輛在美國製造的
　　　　　電動火車。

1881 年　　搬到紐約，親自指揮第一座電燈照明系統的工程。

1882 年　　9 月 4 日，電燈照明系統開始運作。

1884 年　　8 月，瑪麗過世。

1886 年　　2 月，與明娜‧米勒結婚。

1893 年　　2 月，世界第一座攝影棚誕生。

1894 年　　成立愛迪生電影公司。

1896 年　　認識亨利‧福特。

1905 年　　幾乎全聾。

1910 年　　大量生產改良後的 A 型蓄電池。

1916 年　　受海軍部長丹尼爾之託，全力進行有關國防的研究。

1931 年　　去世。

國家圖書館出版品預行編目資料

發明大王：愛迪生 / 陳美琪著;左智杰繪. 初版五
刷. 臺北市：三民，2016
　面；　　公分. (兒童文學叢書 / 世紀人物100)

ISBN 9789571446912　(平裝)

1.愛迪生(Edison, Thomas A. , 1847–1931)－傳記－
通俗作品

785.28　　　　　　　　　　　　　　95026085

ⓒ　發明大王：愛迪生

著 作 人	陳美琪
主　　編	簡　宛
繪　　者	左智杰
發 行 人	劉振強
著作財產權人	三民書局股份有限公司
發 行 所	三民書局股份有限公司
	地址　臺北市復興北路386號
	電話　(02)25006600
	郵撥帳號　00099985
門 市 部	(復北店) 臺北市復興北路386號
	(重南店) 臺北市重慶南路一段61號
出版日期	初版一刷　2007年1月
	初版五刷　2016年4月修正
編　　號	S 781870

行政院新聞局登記證局版臺業字第○二○○號

有著作權・不准侵害

ISBN　9789571446912　(平裝)

http://www.sanmin.com.tw　三民網路書店
※本書如有缺頁、破損或裝訂錯誤，請寄回本公司更換。